Bauwelt Fundamente 97

Herausgegeben von
Ulrich Conrads und Peter Neitzke

Beirat:
Gerd Albers
Hansmartin Bruckmann
Lucius Burckhardt
Gerhard Fehl
Herbert Hübner
Julius Posener
Thomas Sieverts

Gert Kähler (Hrsg.)

Schräge Architektur
und aufrechter Gang

Dekonstruktion:
Bauen in einer
Welt ohne Sinn?

Die Deutsche Bibliothek – CIP-Einheitsaufnahme

Schräge Architektur und aufrechter Gang: Dekonstruktion:
Bauen in einer Welt ohne Sinn? / Gert Kähler (Hrsg.). –
Braunschweig; Wiesbaden: Vieweg, 1993
  (Bauwelt-Fundamente; 97)
  ISBN 3-528-08797-8
NE: Kähler, Gert [Hrsg.]; GT

Erste Umschlagseite: Bernard Tschumi: Parc de la Villette, Paris: „Follie"
(Foto: Kähler)
Vierte Umschlagseite: Wohnhaus im ruinösen Säulenstumpf. Désert de Retz bei Paris
(F. Barbier 1774–1785)
(Foto: Kähler)

Alle Rechte vorbehalten
© Friedr. Vieweg & Sohn Verlagsgesellschaft mbH, Braunschweig/Wiesbaden, 1993

Der Verlag Vieweg ist ein Unternehmen der Verlagsgruppe Bertelsmann International.

Umschlagentwurf: Helmut Lortz
Satz: Möller-Druck, Berlin
Druck und buchbinderische Verarbeitung: Lengericher Handelsdruckerei, Lengerich
Gedruckt auf säurefreiem Papier
Printed in Germany

ISBN 3-528-08797-8   ISSN 0522-5094

Inhalt

Gert Kähler
Vorwort 7

Teil I

Adolf Max Vogt
Schräge Architektur und aufrechter Gang 13
Was hat sich nach vier Jahren „Dekonstruktion"
in der Architektur verdeutlicht?

Alois Müller
Einige unaufgeregte Überlegungen zur Dekonstruktion 36

Wolfgang Welsch
Das weite Feld der Dekonstruktion 50

Florian Rötzer
Im Sog der turbulenten Leere 64

Teil II

Gert Kähler
Dekonstruktion dekonstruieren? 87
Anmerkungen zu Bernard Tschumis „Parc de la Villette"

Friedrich Achleitner
Dialog über COOP Himmelblau und das Wienerische 113

Ulrich Schwarz
Das Erhabene und das Groteske, oder Michelangelo,
Piranesi und die Folgen. Über einige Grundbegriffe
der Architekturtheorie Peter Eisenmans 121

Vorwort

Gert Kähler

Im Jahr 1990 erschien als Band 90 der Bauwelt-Fundamente die Aufsatz-Sammlung *Dekonstruktion? Dekonstruktivismus? Aufbruch ins Chaos oder neues Bild der Welt?* – eine erste kritische Auseinandersetzung mit einer modischen Architekturströmung, die durch die Fachzeitschriften geisterte und ihre höheren Weihen durch eine Ausstellung im Museum of Modern Art in New York zwei Jahre zuvor erhalten hatte. In diesem ersten Band, dem der hier vorgelegte folgt, wurde „Grund gelegt": Die wichtigsten Architekten kamen zu Wort, und in einigen Aufsätzen wurde versucht, der neuen Architekturströmung habhaft zu werden. Dabei war es von vornherein Bestandteil des Konzeptes, die engen Grenzen des Fachgebietes zu durchbrechen. Das ergibt sich nicht nur daraus, daß ein Diskurs in Gang gekommen ist zwischen Architekten und Philosophen (der mir eher zufällig zu sein scheint und auf wenige Namen eingrenzbar ist); der eigentliche Grund für die Erweiterung des kritischen Spektrums liegt vielmehr darin, daß beim Dekonstruktivismus der „Verdacht einer Weltsicht" naheliegt, wie er schon im Untertitel des ersten Buches angedeutet wird: ein neues Bild, eine neue Sicht der Welt? Oder vielleicht gar eine Sicht auf eine neue Welt? Wird hier der alte Anspruch der Architektur, eine Welt sichtbar zu machen (wie bei jeder Kunst, aber anders als andere ständig öffentlich zur Schau gestellt), erneut erhoben?

Die damaligen Antworten verstärkten eher die Zweifel an einer solchen These. Andererseits erwies sich in den folgenden Jahren der Dekonstruktivismus als zäher, als es eine bloße Modeströmung zu sein pflegt. Der theoretische Stachel im Fleisch der Architekten zeigte Widerhaken; einfaches Ignorieren reichte nicht aus. Zudem gab es auch hierzulande die ersten Verwirklichungen einer Architektur, die sich ja – bis auf wenige Ausnahmen – zunächst nur in Zeichnungen artikuliert hatte: das Hysolar-Institut in Stuttgart (Behnisch & Partner), das Vitra-Museum in Weil (Frank Gehry), die Video-Galerie in Groningen und der Parc de la Villette in Paris (Bernard Tschumi), Bauten von COOP Himmelblau usw. der Dekonstruktivismus oder besser das, was unter diesen Namen subsumiert wird, konnte besichtigt werden.

Im Ergebnis dieser Entwicklung befaßte man sich stärker mit dem einzelnen Bau – zu Recht! – und weniger mit der Theorie, zumal die Veröffentlichungen zu diesem Thema immer zahlreicher wurden, zum Teil auch immer unverständlicher. Zweifellos spiegelt das auch das Dilemma dieser neuen Aufsatzsammlung: die kritische Theorie von Theoretikern, die letztlich zu dem Ergebnis kommen: Seht euch die Bauten an; „Weißt du, am liebsten würde ich ganz hanebüchen behaupten, das Wichtigste ist doch der Bau, das, was man einfach konkret sieht. Nur im Bau liegt die eigentliche Wahrheit, erst diese kann wirklich etwas vermitteln." So sagt Friedrich Achleitner in seinem Dialog über die Architektur von COOP Himmelblau in diesem Buch – und macht die Architekturtheoretiker brotlos. Zum Glück fährt er fort: „Ja, aber das Problem liegt doch darin, daß man nur sieht, was man weiß. Man könnte doch genauso behaupten, nur das, was man bewußt wahrnimmt, ist das wirkliche Bauwerk." Womit die Theoretiker wieder in Lohn und Brot gesetzt wären.

Das Problem der öffentlich gemachten Reflexion über einen Bau durchzieht dieses Buch wie einen roten Faden; es hat offenbar mit dem Thema ‚Dekonstruktivismus' zu tun. Adolf Max Vogt stellt die Frage, welcher Ursprung der richtigere sei in der Architektur des Dekonstruktivismus, die Henne der Theorie oder das Ei des Bauwerks. In meiner Analyse des Parc de la Villette gelange ich zu dem Ergebnis, daß Tschumis Theorie wenig zum Verständnis des Baus beiträgt, die hintergründigen Dimensionen der Architektur jedoch ohne bestimmte theoretische Hinzufügungen – beispielsweise die Bezeichnung der Würfel als „Follies" – nicht entschlüsselt werden könnten. Und schließlich beschränkt sich Ullrich Schwarz vollständig auf die Analyse der theoretischen Beiträge Peter Eisenmans und überläßt es dem Betrachter, die Übereinstimmung von Theorie und gebauter Architektur zu überprüfen (oder, womöglich, zu der Erkenntnis zu kommen, das eine habe mit dem anderen nichts zu tun).

Das englische Sprichwort sagt, die Qualität eines Rezepts erweise sich im Pudding, nicht im Rezept. Andererseits stellt sich das Kochen eines Puddings, zumal eines, der englischen Qualitätsmaßstäben standhalten soll, ohne Rezept als schwierig heraus – eine Rechtfertigung jeglicher theoretischen Erörterung und Reflexion im Hinblick auf die konkrete Architektur. Nietzsches „Bilde, Künstler, rede nicht" ist aber ebenfalls nur begrenzt tauglich: Es gibt, wie die hier vorgelegten Beiträge sehr eindrücklich zeigen, eine eigene Qualität der theoretischen Reflexion.

Die „Reflexion über die Reflexion" erhält damit ihre Berechtigung, wie sie diejenige über den Bau schon immer besaß: Sie konnte und kann den Bau, so er denn eine Qualität über den reinen Zweck hinaus besitzt, nicht in allen Teilen erschließen; ein Text kann nicht das sinnliche Erlebnis restlos nachvollziehen. Sie kann aber Dimensionen der Erkenntnis hinzufügen, die das sinnliche Erleben steigern.

Der Leser muß entscheiden, ob und wieweit das hier gelungen ist. Unser Ziel war ausdrücklich, eine Diskussion fortzusetzen. Insofern wurden an die einzelnen Autoren besondere Anforderungen gestellt, die sich nicht in der bekannten Wiederholung bekannter Positionen erschöpfen. Rein äußerlich ist das daran erkennbar, daß nicht mehr die Architekten selbst zu Wort kommen, sondern diese zum Zentrum der Reflexion werden. Es geht nicht mehr um Grundlagenpositionen, sondern um deren kritische Durchleuchtung – wenn möglich am gebauten Objekt (nicht zufällig steht dabei Tschumis Parc de la Villette im Mittelpunkt). Ziel des Herausgebers bleibt aber, die so kontrovers diskutierte Architekturströmung weiterhin aus unterschiedlichen Blickwinkeln und Fachgebieten zu betrachten; selbst den der philosophischen Diskursen ungeübten Lesern (zu denen sich der Herausgeber zählt) erwächst so ein „Mehrwert" der Erkenntnis.

Ich bedanke mich bei allen Autoren für ihre Mitarbeit.

Teil I

Teil I

Schräge Architektur und aufrechter Gang
Was hat sich nach vier Jahren „Dekonstruktion" in der Architektur verdeutlicht?[1]

Adolf Max Vogt

„Les mots et les choses", die Wörter und die Dinge, das ist das Problem der Denker und Dichter; und immer dann, wenn sie erneut der Ansicht verfallen, die Dinge würden überhaupt *nur*, oder *erst dann* real existieren, wenn sie im Netz der Wörter, dem Text, aufleuchten und benannt werden, beginnt sich die Gegenseite über „Sprachimperialismus" zu beklagen, den es in Schranken zu weisen gelte.[2]

Wer ist, wer bildet dieses Gegenlager? Neben der Musik beispielsweise sind es die bildenden Künste, die nicht, wie die sprechenden Künste, in der Linguistik verankert sind, stumm statt beredt, ihre Sache schweigend vollziehen und logischerweise eher mit der Physik verbunden sind. Es ist bezeichnend, daß ein Architekt, Maler und Bildhauer wie Le Corbusier in einem Rückblick, betitelt „Mise au Point"[3] (niedergeschrieben wenige Wochen vor seinem Tode im Sommer 1965), nicht von „les mots et les choses" spricht, sondern von „le poids des choses", vom „Gewicht der Dinge": „Dès ma jeunesse, j'ai eu le sec contact avec le poids des choses. La lourdeur des matériaux et la résistance des matériaux. Puis les hommes: les qualités des hommes et la résistance des hommes, et la résistance aux hommes" – „Seit meiner frühesten Kindheit habe ich trokkene (d. h. unmittelbare) Berührung gehabt mit dem Gewicht der Dinge. Die Schwere der Stoffe und der Widerstand der Stoffe. Dann die Menschen: die verschiedenen menschlichen Eigenschaften einerseits als Widerstand von Menschen, andererseits als Widerstand gegenüber Menschen."

Kann es sein, daß das Gewicht der Dinge ebenso wichtig ist wie das Benennen und der Name der Dinge? Daß es eine mindestens so archaische Welt mitheranruft wie das Benennen der Dinge? „Le poids des choses" als ebenbürtige Grundfrage neben „le nom des choses"?

Ich schlage hier vor, die Frage von Moderne und Postmoderne (und die der postmodernen Antenne, genannt „Dekonstruktion") für einmal nicht vom Wort und Text, sondern vom Gewicht der Dinge her anzugehen.

1 El Lissitzky:
Composition (1922)

2 Le Corbusier:
Villa Savoye, Poissy
(1929)

Es ist ein seltener Fall, daß ein Dichter physikalische Dinge wie „leicht" und „schwer" als Grundfragen überhaupt gelten läßt – doch Milan Kundera hat es getan. Sein Buchtitel *Die unerträgliche Leichtigkeit des Seins* (1984) hat erstaunlich viele Leser – vielleicht unwillkürlich – irritiert und zugleich angesprochen. Gleich am Anfang seines Romans zitiert Kundera die Oppositionspaare des Parmenides aus frühgriechischer Zeit und fragt: „Welches ist positiv, das Schwere oder das Leichte? Parmenides antwortet: Leichtigkeit ist positiv, Gewicht negativ. War er korrekt oder nicht? Das ist die offene Frage. Die einzige Gewißheit ist: der Gegensatz Leichtigkeit/Schwere ist von allen Gegensätzen der am meisten mysteriöse und doppelsinnige."

Ich gehe nun einen Schritt über Kundera hinaus und stelle zunächst die These auf, Kunderas Titel sei typisch postmodern und führe ein Paradox vor („unerträgliche Leichtigkeit"), das *erst jetzt* annehmbar sei, in den Jahren der zu Ende gehenden Moderne aber noch durchaus auf taube Ohren hätte stoßen müssen. Und zwar deshalb, weil die Moderne von rund 1750 an durch Gravitationsfragen bewegt war – dem „Newtonischen" Kosmos insbesondere – und diese auch nie aufgab, sondern sie im 19. und 20. Jahrhundert als Fortschritt auf das Leichte hin verstand. Leichte Ingenieurkonstruktionen (mit der Kulmination im Eiffelturm, 1889) und leicht wirkende Architekturstrukturen (mit der Kulmination in der Villa Savoye von Le Corbusier, 1927) waren die Faszination.

Eine überfällige Dekonstruktion am Werke Le Corbusiers

Es ist durchaus möglich, daß die besondere Qualität des Schwebens, die El Lissitzky in „Composition 1922" erreicht, damit zusammenhängt, daß *1* Lissitzky immer auch dreidimensional gearbeitet hat. Jener allzu leichten, geradezu gratis offerierten Möglichkeit, auf der zweidimensionalen Leinwand ein räumliches Schweben zu suggerieren (die beispielsweise einen Teil von Kandinskys Spätwerk problematisch macht), setzt Lissitzky eine echt architektonische Sensibilität entgegen, die den Raum nicht einfach als Projektionsmaschinerie auftischt, sondern voll und sorgsam auskundschaftet. Lissitzkys Bild, fünf Jahre vor Le Corbusiers Villa Savoye geschaffen, wirkt wie eine Vorwegnahme oder wie ein Idealentwurf für das, was Le Corbusier dann architektonisch einzuholen sucht und sogar *2* einigermaßen bewohnbar zu machen verstand. Für beide Künstler, für den Russen wie für den Westeuropäer, gilt: Zelebrieren der Leichtigkeit, und zwar bis zu jenem feinsten Grade des Austarierens, wo das physikalische Schweben suggerierbar wird – als Gleichgewicht zwischen (Schwebe-) Körper und Luft(-Umgebung). Diese beinahe schon magisch geladene Harmonievorstellung eines ballonartigen Schwebens, eines universalen „Gleichschwer", erfüllte die Gestaltungsträume der zwanziger Jahre[4], noch gesteigert dadurch, daß über derartige Ambitionen kaum je in direkten Worten geschrieben wurde: ein verbales Tabu. Dies gilt speziell für Le Corbusier, der in sprödem protestantischem Pragmatismus für sein Abheben der Baukörper vom Boden durch Pilotis meist nur praktische Gründe angibt: Verzicht auf feuchte Keller, Parkmöglichkeit für Automobile, Erleichterung direkter Fußwege usw.[5]

Le Corbusiers abgehobene Baukörper brachten in der Tat eine empfindliche Kehrseite mit sich, nämlich dunkle, unwirtliche Schattenräume zwischen den Pilotis: im doppelten Sinne „verlorener Raum", der höchstens an heißen Sommertagen einen erfreulich kühlen Aufenthalt bieten konnte, sonst aber ebenso unansehnlich wie unbenützbar blieb, ohne Grasnarbe, immer wieder auf frischen Kieswurf angewiesen. Obwohl diese Kehrseite in der Bodenzone klar ersichtlich war, dauerte es etwas mehr als ein Vierteljahrhundert über den Tod Le Corbusiers hinaus, bis eine künstlerische Dekonstruktion an einem seiner Werke artikuliert wurde.

3, 4   Im verlorenen Raum des Carpenter Centers, Le Corbusiers einzigem Bau in Nordamerika, der als kleine Kunstschule zu den Institutionen Harvards gehört, installierte die Japanerin *Ritsuko Taho* im April 1991 einen großen holzgeflochtenen Korb, den sie später mit gipsernen Eiformen füllen ließ, schräg geneigt zwischen den Pilotis, von der Künstlerin als *Geo-Luminescence* bezeichnet. Dieses „Erd-Aufleuchten ... verwandelt den kalten Zement in einen Wärmespender".[6]

Auch wenn Ritsuko Taho Derridas Begriff nie gehört haben sollte, vollzieht sie hier eine perfekte Dekonstruktion „mit Le Corbusier gegen Le Corbusier" – das heißt, sie deckt durch ihr Vorgehen „einen verborgenen oder verdeckten Inhalt" des Gebäudes auf und macht damit „einen blinden Fleck im Auge des Autors" erkennbar, „einen Punkt, von dem aus dieser sieht und den er deshalb selbst nicht sieht".[7] Denn es leuchtet ein, daß es gerade Le Corbusiers Schwebefaszination war, die ihn blind werden ließ für die Kehrseite des verlorenen Raumes – und blind für das, was Taho spielerisch mit ihrem Korb beschwört: wärmende Erde, fruchtbare Erde, die im Carpenter Center nicht nur vom „kalten Zement"

3,4 Ristuko Taho: Geo-Luminiscence, Carpenter Center for Visual Arts, Harvard 1991

sprachlos gemacht wird, sondern erst recht vom virilen Konstrukt des Abhebens, das den Schwebeeffekt sicherstellen soll.

Nach dem Scheitern der ‚perfekten' Utopie: die Null-Koordinate als Neuanfang

Die Debatte über Postmoderne mag längst zum Kulturgeschwätz verkommen sein – daß es indessen die Architektur war, die Anstoß gab zu einer Markierung und Bezeichnung für das Ende der Moderne, bleibt dennoch wahr. Moderne und Utopie sind unlösbar verbunden. Und ein Zufall ist es nicht, daß der Begriff der Utopie gerade im Städtebau seine Schwächen am deutlichsten verriet. Städtebau ist rundum öffentlich und rundum sichtbar. Seine Mängel können nicht nur benannt, sondern auch geortet werden.

Der Begriff Utopie, der immer schon ausgespannt war zwischen legitimer Erwartung und unerträglicher Leichtigkeit des Plänemachens, scheint deshalb vorderhand nur noch negativ brauchbar. Dennoch – und hier beginnen die falschen Verkürzungen – kann der Mensch aufs Hoffen nicht verzichten. Das Prinzip Hoffnung bleibt ein Prinzip, aber nun mit geschärfter Unterscheidung zwischen offenem Horizont und punkthaft verengtem, starr fixiertem, daher illusorischem Horizont. Sogar Ernst Bloch (nicht zufällig ein enger Generationsgenosse Le Corbusiers) wird mit einem Teil seines *Prinzips Hoffnung* überleben, aber nur dann, wenn auch er seine Dekonstruktion erfährt und relativiert wird.

In meinem Beitrag zu Gert Kählers erstem Bande zu unserem Thema, betitelt „Dekonstruktion? Dekonstruktivismus?" habe ich einen Umweg über die französische Revolutionsphase und den deutschen Sturm und Drang genommen, weil ich ein Methoden-Stichwort wie „Dekonstruktion" auf baukünstlerischer Ebene erproben wollte. Es erwies sich, daß die erste Moderne (der Aufklärungszeit im 18. Jahrhundert) mit der zweiten Moderne (der zehner und sechziger Jahre im 20. Jahrhundert) durch auffällig viele Entsprechungen und Spiegelungen verbunden ist.

Nun aber die Frage: Was hat sich verdeutlicht in den wenigen Jahren seit der Ausstellung „Deconstruction" (New York, Museum of Modern Art, 23. Juni bis 30. August 1988)? Das Erstaunliche an der Entfaltung der Aufspürarbeit von Architekten in diesen kurzen vier Jahren ist nicht die Begriffsdebatte, sondern die Art und Weise, wie der *Sechste Sinn*, der Sinn des *Vestibularapparates* im Ohr mit den *Gravirezeptoren* als dem

Sinneswerkzeug für Architektur, Bildhauerei und Ingenieurkunst neu zur Debatte gestellt wird. Diese Debatte kann mit ‚*Schräge Architektur und aufrechter Gang*' überschrieben werden und ist weit mehr als nur eine Revision dessen, was Le Corbusier mit seinem *Poême de l'angle droit* (Gedicht vom Rechten Winkel) gemeint haben kann. Wenn ‚schräg' und ‚aufrecht' zur Diskussion stehen, dann ist damit so etwas wie der ‚Degré Zéro' (Stufe Null), aber nun ins Räumliche übersetzt als die *Null-Koordinate des Aufrechtstehens*, zur Diskussion gestellt. Und jede, auch nur die geringste Abweichung von der Lotrechten bringt eine Reihe von Empfindlichkeiten zur Artikulation, die das heutige Existenz- und Orientierungsgefühl wesentlich mitbestimmen und deshalb zum *Neuland der Postmoderne* gehören. Die anatomische Feinstruktur des Gleichgewichts im Aufrechtstehen gehört zu diesen neuen Themen oder Explorationsbereichen, aber auch die Geschichte des aufrechten Gangs mit ihrem Darwinschen Hintergrund. Ein drittes Thema wird die Dekonstruktion jener vielen Vertigo-Provokationen sein (das Schwindelgefühl auf extrem herausragenden Balkonen, auf Plattformen im Leeren, vor schräg ragenden Rednertribünen, vor kopflastigen Quadern ohne sichtbare Stütze). Diese Provokationen der Gravitationsregeln haben den Kitzel der frühen und der klassischen Stufe der zweiten Moderne ausgemacht.[8]

Bernard Tschumi kann beanspruchen, den Impuls zu dekonstruktiver Architektur vermittelt zu haben, und seine Parkgestaltung im Arbeiterviertel von La Villette in Paris bleibt ein erster, maßgebender Vorschlag, wie ein Stück Land, ein Stück Vorortwelt oder Schlachthofwelt (was Villette früher war) in eine Erholungszone umgewandelt werden kann – unter postmodernen Bedingungen eben. Neuartig ist, daß er es nicht bei einer Collage aus Erinnerungen an italienische, französische, englische und chinesische Gärten bewenden läßt, was seit Olmsted die Regel gewesen ist, sondern die Anlage dreischichtig sieht, als Überlagerung einer Punkt-, einer Linien- und einer Flächenebene, wobei ein abstrakter Punktraster, den er über das Ganze breitet, tatsächlich mit jener Null-Koordinate oder jenem Nullpunkt im Raum zu tun hat, von dem eben die Rede war. Jeder Punkt des Rasters wird mit einem pavillonartigen, beinahe bewohnbaren, sicherlich aber bespielbaren roten Würfelhaus besetzt (s. dazu den Beitrag von Gert Kähler in diesem Buch).

Soll man Dekonstruktion im engeren Sinne von derjenigen im weiteren Sinne unterscheiden? Wenn Derrida einen Text von Jean-Jacques Rousseau dekonstruiert, wenn Ritsuko Taho mit nonverbalen Mitteln ei-

5 Entwicklung des Menschen (nach Darwin)

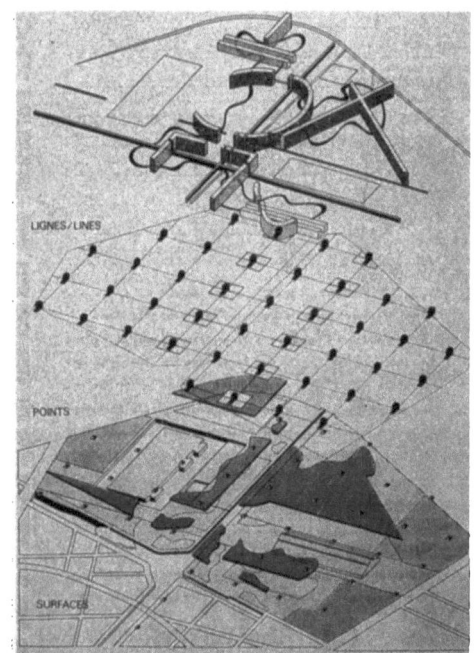

6 B. Tschumi: Parc de la Villette, Paris: Überlagerung von Punkten, Linien und Flächen (1986)

nen Bau von Le Corbusier dekonstruiert, dann ist das Explorationsfeld beidemal klar abgesteckt und begrenzt. Kann aber einer ins Grüne bauen, wie Tschumi in La Villette, so scheint sein Feld so groß wie die Freiheit selbst – zunächst. Dann meldet sich Geschichte, Geschichte des Kanalbaus, des Proletariats, des Schlachthofviertels – also doch keine Freiheit im weitesten Sinne, sondern „le sec contact avec le poids des choses"?

Was kaum schon zu erwarten war in den ersten paar Jahren der Lot-Exploration der Dekonstruktiven, ist in einem Wettbewerb von San Sebastian, Spanien, zustande gekommen: eine erste Bilanz dekonstruktiver Konzepte, nicht als Summe, sondern als Verdichtung auf einen einfachen Nenner. Die beiden Kursaalbauten aus Glas, die *Rafael Moneo* an die 7, 8
Flußmündung der Antlantikfront dieser Stadt setzen will, lassen alle kompositorischen Überlagerungen und Verquickungen weg, erst recht jeden Verdacht auf angelsächsische Dekorationswut. Die asketisch einfache, aber ungemein subtile Schrägneigung beider Bauten ist das einzige durchgehende Motiv und vermag der wilden Arena aus Meeresbrandung und Steilküste mühelos standzuhalten. Moneo kennt die aufgeknallte Fröhlichkeit speziell der Londoner Szene (die Charles Jencks als „Triumph der Postmoderne" bezeichnet) und hält ihr etwas ganz anderes entgegen, eben eine Verdichtung im Sinne von Mies van der Rohes „Weniger ist mehr".

Selbstverständlich ist mit dem Neuen sogleich auch das Banausische, der grobe Mißverstand und die plumpe Nachäffung zur Stelle. Und da es bei Dekonstruktion um die mögliche Abweichung vom Lot und um die Ermittlung des blinden Flecks geht, beginnen die Gefahren des Wildwuchses und der Willkür gleich um die Hausecke. Werden sie schlimmer sein, als es am Gegenpol der Moderne die tödlich starren und brutalen Rasterbauten der fünfziger und sechziger Jahre waren?

Niemand wird hier eine beckmesserische Anklageliste von Mißratenem erwarten. Zwei Beispiele aber, die auf der Grenzlinie sitzen zwischen Willkür und Exploration, seien immerhin erwähnt. Wenn R. Castro für die Fachhochschule Sévenans (Frankreich) 1989 einen reflektierenden schrägen Turm baut, heißt die Frage sogleich: Welcher Neigungs- 9
winkel und weshalb? Und wo liegt der Unterschied zu Moneo? Gibt es bereits Kriterien, welche Castros Labilität von Moneos Subtilität klar unterscheiden lassen? Dieselbe Aufgabe, eine technische Fachhochschule für Shibaya (Japan) hat Toyokazu Watanabe dadurch gelöst, daß er auf den banalen Unterbau seines Schulhauses einen wildgewordenen Überbau setzt, die Dachregion als Techno-Kollisions-Theater. Für den tägli-

7,8 J. R. Moneo: WBW Stadtentwicklung San Sebastian, Spanien (1991)

9 R. Castro: Fachhochschule Sévenans, Frankreich (1989)

10 T. Watanabe: Fachhochschule Shibaya, Japan

10 chen Umgang oder gar die tägliche Benutzung kaum erträglich – aber aus der geographischen Distanz mindestens amüsant, weil die Abrechnung mit der überhitzten Industrialisierung Japans derart hysterisch und kalkuliert zugleich erfolgt.

Die Hauptfrage indessen ist die Frage der Gattungsgrenze. Watanabe ist hier nur der erste unter einigen Architekten, deren Gattungsinstinkt zu Bruch gegangen scheint oder bewußt zu Bruch gefahren wird. Kann Architektur solche Aufgaben der Anklage oder Ironisierung übernehmen? Oder geschieht eine Verwechslung mit dem, was allenfalls Skulptur und Malerei, sicher aber Bühnenbild und Film an Kollisionspotential zu übernehmen vermöchten?

Doch wozu soll ein Watanabe zuhören? War nicht dies gerade sein kalkulierter Effekt: das falsche Motiv in der falschen Gattung daherkommen zu lassen, damit die ersehnte Provokation endlich stattfindet und sich mit seinem Namen verknüpft?

Die schräge Achse der frühen russischen Revolutionsarchitektur

Maßstäbe allerdings, auch für Derartiges, sind doch vorhanden, denn neu ist nie ganz neu. Ein Parameter für „schräge Architektur und aufrechten Gang" ist tatsächlich geschaffen worden, vor genau 75 Jahren, in der frühen Phase der russischen Revolutionsarchitektur von 1917 an. An der New Yorker Ausstellung vom Sommer 1988 waren im Vorraum einige Beispiele russischer Revolutionsmalerei zu sehen. Eine Verknüpfung, seither vergessen, schien somit damals den Veranstaltern auf unbe-
11 stimmte Art bewußt. Doch diese Verknüpfung läßt sich präzisieren. Ausgangspunkt ist der berühmte Tatlinsche Turm der III. Internationale von 1917, über dessen Neigungswinkel ich mich vor Jahren zu verwundern begann[9], weil mir aufgefallen war, daß beispielsweise das Rednerpodium für Lenin von El Lissitzky, aber auch viele politische Plakate der Zeit und
12 sogar ein Gemälde von der Malerin Liubov Popova, ebenfalls 1917 geschaffen, diesen selben Neigungswinkel von 23 1/2° zelebrierten – also den Neigungswinkel des Planeten Erde auf seiner Umlaufbahn. Soweit
13 ich zu sehen vermag, ist Tatlin selbst der Urheber dieser Analogie zur Erdachse (die bis um 1930 immer wieder in Kunst und Gebrauchsgraphik auftaucht), aber ich konnte nachweisen, daß er sich dabei auf die Ideen von Alexander Bogdanow stützt, speziell auf dessen Thesen in *Die Wissenschaft und die Arbeiterklasse*.[10]

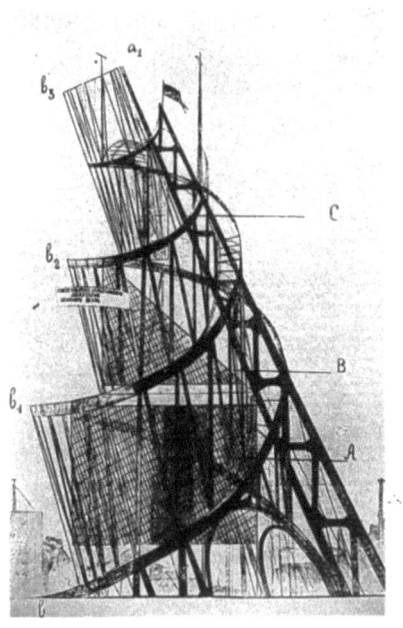

11 W. Tatlin: Turm zur II. Internationale, Projekt (1919)

12 El Lissitzky: Lenin-Rednertribüne, Projekt (1924)

13 L. Popova: Komposition (1917)

Kein Zweifel, daß die Symbolik des Neigungswinkels eine – künstlerisch gesehen – hervorragend instinktsichere Umsetzung einiger wichtiger Revolutionsgehalte war. „Schräg" steht einerseits für „Aufstand", „Widerborstigkeit", „Querstellen" andererseits aber auch für „legitimiert durch die kosmischen Verhältnisse unseres Erdballs". Man mag heute über die naive Treffsicherheit in der Verklammerung einer Doppelbedeutung lächeln – aber man sollte über dem Lächeln den Neid nicht vergessen auf die Prägnanz des Bogdanow-Tatlinschen Leitmotivs. Auch wenn, von heute aus, die Faszinationen von 1917 um mehr als 75 Jahre zurückzuliegen scheint: Ein hilfreicher Parameter im Umgang mit dem Sechsten Sinn sind diese Zeugnisse aus einer gleichsam naiven Frühzeit der Hoffnung allemal.

Wenn ich mich umsehe, wo Tatlins Erbe bei den Dekonstruktiven Spuren und antwortende Gegenbilder erweckt haben könnte, dann fällt mir *Günther Behnischs* Postmuseum in Frankfurt a. M. auf. Gerade weil sich Behnisch überhaupt nicht an die 23 1/2° hält, sondern eine nur halb so steile Richtung (45°) zuläßt, vermag er das Motiv souverän zu variieren. Da eine heutige Postverwaltung mit ihrer Telekom-Technologie sehr wohl mit kosmischen Räumen zu tun hat, fühlt er sich legitimiert, Tatlins Thema wiederaufzunehmen und zu erweitern. Erdachse, Fernrohrachse, Satellit, Fernsehen mögen die Stichworte etwa heißen, die er in Sichtworte und Gleichgewichtsereignisse umsetzt: Sein Kommentar zu der hier ausgewählten Aufnahme heißt: „Neubau und (alte) Villa liegen am Villen-Garten. Die Hauptausstellungsfläche unter der Gartenebene wird erhellt durch Oberlichtbänder entlang der Wurzelballen der alten Bäume".[11] Der Fotograf Kandzia aus dem Büro selbst mag oder mag nicht einem Hinweis von Behnisch gefolgt sein, als er festhielt, daß der Böschungskreis aus Glas rund um das Wurzelwerk des (über der Halle schwebenden) Baums ein Sinnspiel ergibt, das antwortet auf das Auftauchen des „kosmisch" mächtigen Glaszylinders aus der Erde.

Drei exemplarische Möglichkeiten: Tschumi, Eisenman, Behnisch

Tschumi, der den Impuls gab zum sogenannten Dialog mit den Philosophen und damit offensichtlich etwas versuchte, was in der Luft lag – Tschumi hat doch wohl Kontakt gesucht, um einen Austausch zwischen dem Spezialisten (fürs Räumliche) und dem Generalisten (für beide, für Raum wie Zeit) zu erreichen. Aber, so würde sich wohl aus den Äußerun-

14 G. B. Behnisch & Partner: Deutsches Postmuseum, Frankfurt (1990)

15,16 P. Eisenman: Haus Guardiola, Spanien (1990)

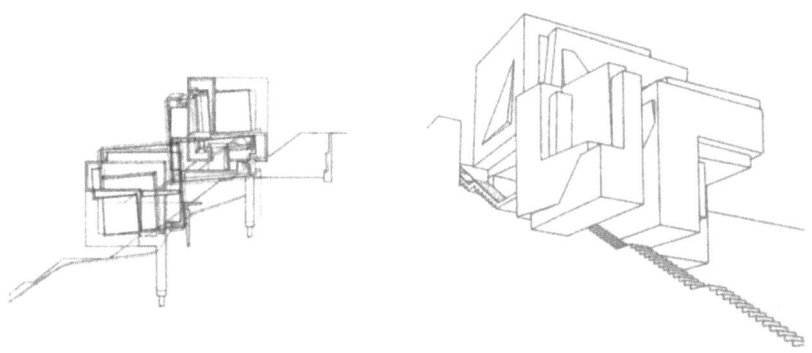

gen Tschumis belegen lassen, seine Erwartung lag dabei im Rahmen einer vorausgesetzten Simultaneität. Damit ist gemeint: Er hielt ein echt präsentes, also gegenseitig offenes Gespräch für möglich, weil er die Kompetenz der beiden Partner, um ein altmodisches Wort zu verwenden, für „gleichursprünglich" hielt. Ein Gespräch über den Erholungspark La Villette, das nicht nur die Überlagerung älterer Gartenkonzepte mit dem Koordinatenkonzept hätte betreffen sollen, sondern auch den „dromologischen" Aspekt, das heißt, die Einbeziehung von Bewegung, Bewegtheit, Geschwindigkeit als einer kinetischen Optik in die Landschaftsarchitektur.

Erhielt er ein Echo, eine Antwort vom Generalisten Derrida? Da kann man mindestens geteilter Meinung sein. Begnügen wir uns damit, festzuhalten, daß Tschumi die Kompetenz der beiden Partner für gleichursprünglich hielt.

Anders Peter Eisenman. Wenn er sein Haus Guardiola, vorgesehen für eine Küstenlandschaft in Spanien, präsentiert, dann muß man *vorher* seinen Begleittext dazu lesen.

Denn Wort und Gebilde treffen sich bei ihm *nicht* gleichursprünglich. Das Wort (in gewissen Fällen auch die mathematische Überlegungssequenz) geht bei ihm *voran* und *setzt*, was die Architektur dann umzusetzen oder nachzusetzen hat. So war es, als er den Linguisten Naom Chomsky als Autorität markierte und dessen algorithmische Auslegung der Sprachstruktur für verbindlich hielt; so war es, als er später einem mathematisch kompetenten Hochschulpräsidenten als Bauherrn oder einem Philosophen wie Derrida vorübergehend eine ähnliche Autorität zusprach.

15, 16 Am Beispiel des bisher nicht gebauten Hauses Guardiola (1988) spielt sich das wie folgt ab: Da Eisenmans Zeichnungen ebenso gekonnt wie hermetisch sind und den Betrachter vor Orientierungs- und Einfühlungsrätsel stellen, wird der Kommentar nicht einfach zur nachträglichen Erläuterung, sondern zur Vorgabe, die das Tor zum visuellen Verstehen überhaupt erst öffnet. In dieser Vorgabe tauchen zuerst archäologische Fachbegriffe auf, dann wird auf Platos *Timaeus* hingewiesen, der den Begriff „Chora" eingeführt habe, was ein Mittelding sei „zwischen dem Enthaltenden und dem Enthaltenen".[12] Man bemerkt, daß hier Derrida, allerdings ohne genannt zu werden, abgekürzt zitiert wird, und man begreift, daß der Gegensatz „enthaltend/enthalten" abgeleitet ist aus semiotischen Gegensatzpaaren wie sie durch de Saussure und Roland Barthes prominent geworden sind.

Kurz: Es handelt sich, wie es Ullrich Schwarz sehr zutreffend gekennzeichnet hat, bei Eisenmans Präsentationen um *Architektur für den Leser*.¹³ Nun gehören bildende Künstler nur bedingt zu dem, was „Leser" meint. Sie sind weniger und mehr als „Leser". Sie fühlen sich vor Begriffen wie „chora" ähnlich unsicher, wie sich „Leser" umgekehrt vor mathematischen Stichwörtern und Formeln unsicher fühlen.

Und, was Guardiola betrifft, wer könnte dieses Haus bewohnen? Falls niemand das will – liegt die Schwäche bei ihm oder beim Architekten? Wir kommen damit ein zweites Mal, wie schon bei Watanabe, in die Nähe des Problems der Gattungsgrenzen. In diesem Fall: Soll der Bewohner ein Problem bewohnen oder ein Haus? Oder direkter: Ist es Eisenman mit dem „Chora"-Problem ernst genug, um seinetwegen die Gattung zu wechseln, so wie es El Lissitzky mit seinen „Proun"-Innenräumen tat (die eben *keine Wohnzimmer* sein sollen) oder wie es Kurt Schwitters mit seinem „Merz"-Bau tat (der nie in Konflikt kam mit dem Wohnproblem)? Ist Eisenman so ängstlich-konventionell, daß er sich ein frei entfaltetes Merz-Gebilde ohne Wohnprätention an der spanischen Meeresküste nicht zu denken und nicht zu fordern wagt? Oder sucht er, ähnlich wie Watanabe, ganz einfach die Provokation, die bei näherem Hinsehen weiter nichts darstellt als eine vorweg berechnete, im Feuilleton für eine Weile erfolgreiche Kollision der Gattungsbereiche?

Völlig überraschend ist, daß Günther Behnisch mit einigen wenigen Sätzen in der Lage ist, neben Tschumis und Eisenmans Positionen eine *dritte Möglichkeit* im Kräftespiel zwischen Philosophie und Architektur auszumachen.

Bei Tschumi ist dieses Kräftespiel gleichursprünglich, bei Eisenman mit nachgeordneter Architektur. Behnisch plädiert nun für nachgeordnete Philosophie. Sein Argument lautet wie folgt: „Der Begriff Dekonstruktion mag aus dem Bereiche der Philosophie kommen. Die hinter einem solchen Begriff stehenden Tendenzen müssen jedoch in Kunst und Architektur *schon früher* wirksam gewesen sein; einfach infolge der Tatsache, daß in deren Metier zunächst Unbewußtes *leichter* und auch *früher* wirksam werden kann.¹⁴" Behnisch sieht also die Begriffsbildung der Philosophie als eine eher schwerfällige Maschinerie, in der neue Gesinnungen und Konzepte, noch halb unbewußt, ungleich mehr Widerstände finden als im Bereich der tastenden, wählenden und formenden Hand. Anschließend plädiert er für dieses freie Vorwegnehmen, indem er den Architekten vor dem bloßen Nachkonstruieren verbaler Thesen warnt: „Insofern beobachte ich mit einem gewissen Mißtrauen, daß Ar-

17,18 G. B. Behnisch
& Partner:
Deutsches
Postmuseum,
Frankfurt (1990)

chitekten heute das inzwischen verbal Ausformulierte in Architektur ‚nachkonstruieren': So entstehen Formalismen. Diesen fehlt die Kraft der ‚echten' Erscheinungen. Ich meine, man kann das erkennen in der einen oder andern Arbeit, die eher nachgezeichneten Theorien ähnelt. Hier wirken denn auch Marktmechanismen mit; und die zunächst eher ‚zerstörerische' Kraft des Dekonstruktivismus ist so eliminiert, die ‚Richtung' wurde eingefangen, *domestiziert* (vielleicht auch *korrumpiert*), wurde handhabbar gemacht, gefahrlos für die Zustände, die eben so sind, wie sie sind.[15]"

Eine klare Absage gegenüber dem, was als „Architektur für den Leser" bezeichnet wurde. Dazu der Vorwurf, das bloße Nachbilden verbaler Theorien führe zu domestizierten, plastisch wirkungslosen Gebilden, die keinerlei Veränderungspotential mehr mit sich führen.

Meine eigene Option als Kunst- und Architekturbeobachter

Der Überblick über die wenigen Jahre seit 1988 zeigt, wie erstaunlich vollständig inzwischen die drei wichtigsten Positionen zwischen Wortwelt und Bildwelt markiert worden sind.

Meine eigene Option als Kritiker ergibt sich aus den Gegebenheiten meines Berufes. Was ich an nonverbalen Werken wahrnehme, beschreibe und reflektiere ich in Worten: die Funde und Befunde innerhalb der bildenden Künste erscheinen mir offenbar so primär, daß ich motiviert geblieben bin, darüber zu berichten. Würde zutreffen, was die „Architektur für den Leser" proklamiert: daß zwei- und dreidimensionale Artefakte stets ein *Hernach* darstellen, aus Verbaltheorien abgeleitet und somit *sekundär* sind –, dann hätte ich mich längst vom Kunstkritiker zum Literaturkritiker mausern müssen.

Seit es eine bewußt und kritisch argumentierende Kunstgeschichte gibt, ist das Problem der Gleichursprünglichkeit oder der Nachordnung zur Diskussion gestellt. In der deutschsprachigen Diskussion, die seit der Goethezeit beinahe ohne Unterbrechung lebendig und intensiv geblieben ist, gibt es mindestens ebensoviele, wenn nicht mehr Stimmen als im französischen oder englischen Sprachkreis, die für Gleichursprünglichkeit des Nonverbalen plädieren.[16] Aus dieser Reihe, die von Baumgarten über Goethe, Troxler, Feuerbach, Conrad Fiedler in die Gegenwart reicht und hier bei Günter Behnisch ihre Bestätigung findet, möchte ich wenigstens einen Satz von Jacob Burckhardt zitieren. Er steht im Vorwort zum *Cice-*

rone und ist 1855 geschrieben worden: „Könnte man (den tiefsten Gedanken, die Idee des Kunstwerks) überhaupt in Worten vollständig geben, so wäre Kunst überflüssig und das betreffende Werk hätte ungebaut, ungemeißelt, ungemalt bleiben dürfen."
Bei manchen Philosophen, die sich zur Gegenwartslage äußern, klingt ein überraschter Ton darüber an, daß es ausgerechnet die Architektur gewesen sein soll, die eine Revision des Begriffs der Moderne eingeleitet habe und dabei den Begriff „Postmoderne" als brauchbar empfahl. Wie soll die Architektur, dieser unglückselige Maelström oder Malstrom oder Moskenstraumen, der sich zwischen den Klüften der Großfinanz und den andern Klüften der Großbauunternehmen durchquält, nun plötzlich Signale geistiger Wandlungen vorwegnehmen können?

Architektur hat nicht nur die eben erwähnten heiklen bis desaströsen Beziehungen, sie hat eben auch eine besonders enge, weil öffentlich sichtbare, jederzeit ablesbare Beziehung zur Geschichte. Das Gelände, das sie betritt, ist beinahe immer zur Linken oder zur Rechten schon bebaut oder doch bebaut gewesen, und wenn nicht, so weist es doch Menschenwege oder Tierpfade auf – sichtbare Elemente der Geschichte, zu denen sie sich, ob sie will oder nicht, verhalten muß, ganz im Gegensatz zum Maler und seiner weißen Leinwand.

Der heutige (postmoderne) Architekt steht vor dem Problem, daß er den Geschichtsbezug seiner Väter und Vorgänger (d. h. der Modernen) nicht mehr gelten lassen kann. Denn dieser Bezug war hoffnungslos polarisiert. Die Moderne des 19. Jahrhunderts, von etwa 1840 an, entwickelte das eine Extrem der wortwörtlichen Kopie, des Gipsabgusses und des Faksimile, somit der direkten Stilübernahme (*Historismus*), was dann die Moderne des 20. Jahrhunderts in das andere Extrem getrieben hat, jeglichen Geschichtsbezug abzulehnen, eine Architektur außerhalb von Stilen und Geschichtsstufen zu proklamieren (*Avantgarde*). So klammerte etwa das „Bauhaus" unter Gropius Geschichtsvergleiche und Geschichtsunterricht konsequent aus dem Lehrprogramm aus. Als die Spätmoderne dann begann, aus ihrem selbsterteilten Dispens von Geschichtsbezügen einen Freipaß abzuleiten zur Baupolitik des geistlosen Affronts und des Prinzips „Faust aufs Auge", wurde eine Neuorientierung unumgänglich.

Da die Erwartung groß war, wurden die kritischen Stimmen auch sorgfältig gehört. Ein italienischer und ein amerikanischer Architekt fanden am meisten Gehör: Aldo Rossi mit *L'Architettura della Città*, Robert Venturi mit *Complexity and Contradiction in Architecture*". Beide Arbeiten erschienen 1966.

Auf dem Gebiet der Architektur kann man deshalb die kritische Wende zur Postmoderne bereits auf dieses Jahr 1966 zurückführen, obgleich damals die Etiketten, die Benennungen oder ein Sammelbegriff verständlicherweise nicht zur Hand waren. Die Bezeichnung ‚Postmoderne' ergab sich später wie von selbst – wer sich als „nachher" folgend einstuft, als abgekoppelt von etwas Vorhergehendem, der kann es so am einfachsten sagen. Offen blieb die Nische für ein Altärchen des neuartigen, dritten Geschichtsbezugs, der nun Gestalt annehmen sollte als möglichst klare Unterscheidung vom Prinzip des Gipsabdruckes oder der Stilimitation einerseits, vom Prinzip der Geschichtsabsenz, der Ahistorie oder Antihistorie andererseits. Eine heikle Sache, eine Frage nach dem *Wie*, ein empfindliches Methodenproblem.

Als hätte man bewußt die Formel beachtet: „Je empfindlicher die Domäne – desto einfacher und offener soll der Rahmen der Etikettierung sein", begann sich nun zwanzig Jahre später eine geradezu simple Wort-Montage, eben „Dekonstruktion", durchzusetzen. In dieser Montage war der Grundwiderspruch des angestrebten dritten Geschichtsbezuges klar angegeben: nämlich sich sowohl *mit* dem bereits Vorhandenen als auch *gegen* es verhalten zu müssen, damit beides, das Eigene und das Alt-Andere, seinen Ort finden respektive behalten konnte.

Als sich herausstellte, daß der Begriff von einem französischen Literaturphilosophen stammte, der ihn in seinem Buch *De la Grammatologie* nur ein Jahr nach Aldo Rossi und Robert Venturi, also 1967, erstmals gebraucht hatte, klang das in Architektenohren wie eine kleine Bestätigung für Rossi und Venturi. Überdies war es auf angenehme Weise verkoppelt mit einem architekturnahen Begriff, nämlich „Konstruktion".

Allerdings war es der Wortmonteur Derrida selbst, der dann im Laufe der Jahre sein Kunstkürzel immer wieder neu und oft diffus genug revidierte. So kann man die Unterhaltung mit Christopher Norris, die Gert Kähler in seinem Aufsatz hier wiedergibt (vgl. S. 109), auf zwei Arten lesen, einerseits als (Selbst-)Mystifizierung, andererseits als Versuch, das Wortkonstrukt vor starrer oder sturer Anwendung zu bewahren. Wenn „Dekonstruktion" für den späteren Derrida nun „nicht ein System, nicht eine Methode", aber auch „keine Theorie (...), auch kein einstimmiges Konzept" darstellt, sondern lediglich „something" – dann liest sich das wie eine Verhimmelung mit konturlosem Gewölk. Andererseits sagt Derrida jedoch, dieses Vorfahren „beachte die Eigenständigkeit jedes Kontextes" und richte sich danach, wogegen schwerlich etwas einzuwenden ist.

Soll die Architekturwelt beginnen, sich mit dem Wortdenker und Wortspieler Derrida wegen Mystifizierungen anzulegen? Dafür fehlen ihr die Werkzeuge – auch wenn sie von ferne immerhin bemerkt, daß des Autors Neigung zu Doppelmeinungen inzwischen ungeahnte Grade erreicht hat. Zu alledem darf die Architektur auf Distanz bleiben und auf einer möglichst einfachen, dadurch auch offenen Version des Etiketts „Dekonstruktion" beharren. Denn nur so kann sie die Freiheit behalten, mit ihren eigenen Mitteln zu arbeiten.

Dafür hat sie übrigens noch einen zweiten Grund, und der läßt sich am ehesten durch Baudelaires Begriff der ‚modernité' erläutern. Dieser Begriff hat den Übergang zur Postmoderne völlig unbehelligt überstanden und gilt heute womöglich noch pointierter als zu den Zeiten von Eduard Manet oder später von Picasso und Le Corbusier. Der vielzitierte Satz lautet: „Die Modernität ist das Vorübergehende, das Entschwindende, das Zufällige, ist die Hälfte der Kunst, deren andere Hälfte das Ewige und Unabänderliche ist." Diese beiden Hälften, das vorübergehend Modische und das bleibend Unabänderliche, haben sich seit der Aufklärung nicht nur entschieden angenähert, sondern miteinander verquickt, allerdings nicht in allen Gattungen im selben Grade. In der Malerei und in der Musik beispielsweise hat sich diese Verquickung seit Baudelaire unter Schmerzen und bitteren Gefechten tatsächlich vollzogen. Übrig bleiben die beiden monumentalen oder besser: monumentalistischen Gattungen, die Architektur hier, die Philosophie dort. Beide haben, trotz gegenteiliger Beteuerungen, den Anspruch auf Erhabenheit in Wahrheit noch lange nicht aufgegeben und tun sich darum mit ihrer Kehrseite, dem Lächerlichen, gegenwärtig besonders schwer.

Anmerkungen

1 Erweiterte Fassung eines Vortrages an der TU München vom 28. November 1991.
2 Für seine *Archéologie des sciences humaines* hat Michel Foucault den Titel *Les mots et les choses* gewählt (Paris, 1966).
3 Le Corbusier, Mise au Point, Paris 1966, S. 9.
4 Vgl. hierzu A. M. Vogt, *Das Schwebe-Syndrom in der Architektur der zwanziger Jahre*, in: „Das architektonische Urteil", hrsg. Institut für Geschichte und Theorie der Architektur, ETH Zürich), Basel 1989.
5 Hinzuzufügen ist allerdings: In seltenen Fällen äußert Le Corbusier ein geradezu romantisches sozialmoralisches Argument betreffend die „doppelte Rückerstattung" des Bodens durch die moderne Architektur, erstens durch Abheben des Baukörpers, zweitens durch Dachgärten auf dem Flachdach, vgl. Oeuvre complète, vol. 1910–1929, S. 129 u. S. 132.

6 *Ann Wilson Lloyd, Kommentar zu:* Geo-Luminescence a sculptural installation by Ritsuko Taho, Carpenter Center Cambridge Mass. 1991: „Geo-Luminescence ... turning the cold cement into a glowing incubator ..."
7 Mit diesen Worten habe ich, Alois M. Müller zitierend, den Begriff „Dekonstruktion" umschrieben, so wie er vor 20 Jahren für Derrida verbindlich war: „Mit Dekonstruktion gegen Dekonstruktion", in: G. Kähler (Hrsg.), Dekonstruktion? Dekonstruktivismus? Aufbruch ins Chaos oder neues Bild der Welt? Braunschweig/Wiesbaden 1990, S. 51 ff.
8 Oft genug erscheinen uns diese Anti-Gravitations-Protzereien heute als bemüht und unnötig angestrengt. Doch sie sind direkte Reflexe auf die zivilisatorische Entwicklung in ihrem Doppelprofil: die Jahre der Flugträume und erfolgreichen Flugwagnisse einerseits, die ersten Luftkämpfe und Bombardierungen aus der Luft 1914 andererseits. Die verschärfte und risikoreiche Exposition im Leeren hat selbstverständlich Vorstufen. In meiner Darstellung von Karl Friedrich Schinkels Architekturgemälde *Blick in Griechenlands Blüte* (Frankfurt a. M. 1985) habe ich mit dem Untertitel „ *Vertigo* " anzuzeigen versucht, wie sehr sich die Raumauffassung dadurch verändert. Jeannot Simmen hat das Stichwort aufgenommen in seinem Buch *Vertigo, Schwindel der modernen Kunst* (München 1990), wo er die Wirkung und Verarbeitung der Gravitation vor allem in der Malerei untersucht.
9 Vgl. A. M. Vogt: Russische und französische Revolutionsarchitektur – 1917/1789, Braunschweig 1990 (Reprint der 1. Auflage, Köln 1974), S. 108 ff.
10 A. a. O., S. 213 ff.
11 Günter Behnisch/Thomas Werner, Das Deutsche Postmuseum, Heidelberg 1990, S. 42.
12 Peter Eisenman, Das Guardiola-Haus, Überlegungen des Architekten (aus d. Englischen von Simon Huber), in: Archithese, H. 1 1989, S. 21–25.
13 Ullrich Schwarz, Architektur für den Leser (Peter Eisenmans Recherchen über die „condition moderne" der Architektur), in: Werk/Bauen+Wohnen, H. 10 1991, S. 48 ff.
14 Günter Behnisch: Dekonstruktivismus?, in: G. Kähler, (Hrsg.), „Dekonstruktion? Dekonstruktivismus?", Braunschweig 1990, S. 93 ff (Hervorhebungen von mir, A. M. V.).
15 Günter Behnisch, a. a. O. Fußnote 12, S. 93.
16 Interessant ist, daß Michael Podro unter dem Titel *The Critical Historians of Art* (New Haven, 1982) eine chronologische Reihe von Forscherporträts vorlegt, die ausnahmslos aus den deutschsprachigen Ländern stammen. Gewiß ist das einseitig, und auch über die Auswahl der einzelnen Namen ließe sich streiten, doch das Buch als Ganzes bekräftigt, daß die deutschsprachige Diskussion zumindest von Rumohr bis Panofsky ohne Unterbrechung intensiv geblieben ist. Es ist aber nicht Podro, sondern es sind die beiden Philosophiehistoriker H. R. Schweizer und Armin Wildermuth, die unter dem Titel *Die Entdeckung der Phänomene* (Dokumente einer Philosophie der sinnlichen Erkenntnis), Basel 1981, dem hier diskutierten Problem der Bewertung der Kunstgattungen am nächsten kommen.

Einige unaufgeregte Überlegungen zur Dekonstruktion

Alois Martin Müller

Seit dem Frühjahr 1988 hat sich ein neuer Begriff in die Architektur eingeschlichen, der von der Philosophie herkommt und hier ‚Dekonstruktion' heißt. In der Architekturdebatte hat er jedoch eine Verschiebung erfahren. Unter den Nenner ‚Dekonstruktivismus' oder ‚dekonstruktivistische Architektur' wurde viel Virtuelles – Projekte und Entwürfe – und sehr wenig real Gebautes gebracht, welches sich durch bestimmte architektonische Merkmale auszeichnen, oder besser: sich aus reflexiver Abarbeitung an der Tradition der Moderne herausgebildet haben soll. Im Jahre 1988, sechsundfünfzig Jahre nach seiner Ausstellung *International Style* (1932) und dem parallel dazu erschienenen Buch *The International Style: Architecture Since 1922*[1] hat der agile Philip Johnson zusammen mit Mark Wigley wieder Architekten zu einer Ausstellung im Museum of Modern Art (MOMA) versammelt. Dem Ausstellungskatalog zufolge hält eine neuartige Sensibilität die sieben vorgestellten Architekten im Innersten zusammen. Mark Wigley: „Die hier vorgestellten Projekte sind durch [...] eine Sensibilität [gekennzeichnet], bei welcher der Traum von der Form gestört wurde. Die potentielle Möglichkeit dieser Projekte, unser Nachdenken über die Form durcheinanderzubringen, macht sie dekonstruktiv. Sie leiten sich keineswegs von einer Erscheinungsform zeitgenössiger Philosophie ab, die hier als Dekonstruktion bekannt ist. Sie sind nicht Anwendung dekonstruktivistischer Theorie. Sie gehen viel mehr aus der architektonischen Tradition hervor und zeigen zufällig dekonstruktive Eigenschaften."[2]

Zu dieser Ausgangslage seien drei Anmerkungen gestattet: eine modern-zeitdiagnostische zu den beiden Ausstellungen, eine zu Wigleys Argumentation und eine zur Architektur in der Epoche der ‚Moderne'.

1. Die Ausstellung *International Style* war der große Paukenschlag, mit dem man die moderne Architektur, welche sich im Europa der zwanziger Jahre mit allen Mitteln der Avantgarde – Manifesten, Vereinigungen und Ausbildungsstätten – durchzusetzen versuchte, öffentlich machte. Darüber hinaus ist sie, was weniger bekannt ist, eine dreifache Premiere, weil mit dieser Ausstellung erstmals drei genuin moderne Phänomene zusammentreffen. Erstens: Das erste Museum für ausschließlich ‚Moderne Kunst' stellt – zweitens – Architektur aus, und historisiert – drittens – sofort die jüngste Vergangenheit. Das bedeutet: Die allerjüngste Gegenwart

in der Kunst- und Architekturentwicklung wird sofort museumsreif und -würdig und damit auch permanent musealisiert. An diese Dynamik haben wir uns inzwischen gewöhnt, und die Abnutzungserscheinungen sind den Kulturbeflissenen auch schon bekannt. Die Paukenschläge sind inzwischen Teil eines ‚futuristischen Lärmorchesters' und deshalb als solche nicht mehr klar identifizierbar.

Gab es in der Ausstellung von 1932 noch Arbeiten von über vierzig Architekten aus fünfzehn Ländern zu sehen, waren es 1988 nur noch sieben Glorreiche (Frank O. Gehry, Daniel Libeskind, Rem Koolhaas, Peter Eisenman, Zaha M. Hadid, COOP Himmelblau, Bernard Tschumi). Und auch die Ansprüche sind redimensioniert, wie Johnson im Vorwort schreibt: „Die Ausstellung von 1932 [...] prophezeite einen Internationalen Stil, der den Platz der romantischen ‚Stile' der vorausgegangenen fünfzig Jahre einnehmen sollte. Diese Ausstellung verfolgt keine solchen Ziele. [...] Dekonstruktivistische Architektur ist kein neuer Stil. Wir nehmen für ihre Entwicklung nichts von der messianischen Inbrunst der modernen Bewegung, nichts von der Ausschließlichkeit dieser katholischen und calvinistischen Sache in Anspruch. Dekonstruktivistische Architektur stellt keine Bewegung dar; sie ist kein Glaubenbekenntnis. Sie besitzt keine ‚drei Regeln' der Erfüllung. In ihr fließt das Schaffen einiger bedeutender Architekten der Jahre nach 1980 zusammen, die ähnlich vorgehen und zu äußerst ähnlichen Formen kommen."[3] Wenn dem so ist, dann entspricht zumindest die kultursoziologische Kennzeichnung dieser Architekturen nicht mehr dem Bild der modern-avantgardistischen Strömungen: Sie sind nicht mehr eingespannt in die modernen Bewegungsbegriffe, sie haben kein heilsgeschichtliches Sendungsbewußtsein, sie versuchen nicht zu kanonisieren, es gibt keine frohen Botschaften (Manifeste) und keinen Hang zu Schismen und Häresien. Das kann ärgerlich sein, und die Frage: „Was dann?" drängt sich geradezu auf.

Einige haben die Antwort schnell parat: Diese Architekturen seien der typisch zeitgeistige Ausdruck eines Formenspiels, welches mit dem Mittel der Störung zu rein ästhetischen Lösungen komme. Zugespitzt formuliert: Statt daß sich die Ästhetik in den Grenzen der Vernunft manifestiert, manifestiert sie zu sehr ihren Eigenwert, d. h. sie ästhetisiert nur, und folglich ist sie nicht mehr die Versinnlichung eines vernünftigen Fundaments.

2. Mark Wigleys Verleugnung des Zusammenhangs zwischen Jacques Derridas dekonstruktivistischer Strategiearbeit in den Gefilden der Philosophie und des Namens ‚Dekonstruktivismus' für die damit getauften

Architekturen stimmt natürlich nicht. Der französische Philosoph ist neben Michel Foucault mit seinen Studien zur Vernunftkritik der modernen Welt der Gewährsmann für viele theoritisierende Architekten. Derrida hat für Bernard Tschumi einen Text zum ‚Parc de la Villette' verfaßt[4], er schrieb eine Hommage an Peter Eisenman[5] und ist zusammen mit diesem an einem palimpsestartigen Erinnerungsstück im ‚Parc de la Villette' beteiligt. Was Wigley nicht wahrhaben will, ist, daß bestimmte Begriffe Karriere machen: Sie erblicken ‚da oben', im esoterischen Bereich einer geschlossenen fachspezifischen ‚Scientific Community', das Licht der Welt, werden unter gewissen Bedingungen exoterisch, und avancieren bisweilen zu gesunkenem Kulturgut, weil sie im richtigen Moment einer undurchsichtigen Zeitstimmung oder einer diffusen Befindlichkeit ‚da unten' schlagartig mit einem Wort Fassung zu geben vermögen. Dann ist benannt und gebannt: Das Wort erlöst von der Konfusion und man weiß, was man hat. Wer leidet nicht unter Streß, wer ist nicht frustriert? Dekonstruktion ist ein Wort, das sich für eine solche Karriere sehr gut eignet. Es bleibt im Rahmen des architektonisch vertrauten Vokabulars: Allen ist klar, was Konstruktion ist, die Bedeutung der Vorsilbe ‚De-' gehört zum allgemeinen Bildungsgut, und beides zusammengenommen wird wohl etwas zu tun haben mit Destruktion, Zerstörung, Entkoppelung, Auflösung, Abbruch, Haltlosigkeit etc. Man las denn auch von ‚gebautem Krisenbewußtsein' und ‚Katastrophenarchitektur'.

3. In der ‚Moderne', glaubt man der Literatur, nicht den Architekten, ist ‚Krise' nichts Neues, Krise ist immer. Von daher ließe sich an die moderne Architektur zurückfragen, warum sie nicht früher diese Dauerkrise in ihren Realisierungen symbolisiert hat. Oder man muß sich die Frage stellen, ob es ‚Die Moderne' als kohärentes Gebilde jemals gegeben hat, und ob in den verschiedenen Künsten, zunächst einmal abgesehen von den Beschränkungen durch ihre je eigenen medialen Mittel, verschiedene Vorstellungen des Modernen thematisiert werden. Verleugnet man die Verschiebung des Wortes Dekonstruktion von der Philosophie in die Architektur nicht, dann erhält man vielleicht auch einen Hinweis darauf, daß in den aufgefächerten Erkenntnissphären der Moderne diese selbst auch unterschiedlich gesehen und traktiert wird. Architektur würde dann durch solche Verschiebungen zumindest beeinflußt von Wissensbeständen, die aus architekturfernen Domänen mit anderen Ansichten und Überlegungen stammen. Die moderne Architektur wäre dann nicht mehr Abbild der Moderne schlechthin, sondern eventuell nur noch ein Spezialfall von Moderne unter anderen Modernen. Diese drei Bemerkungen hal-

ten uns, so meine ich, davon ab, in drei Fallen zu gehen. Erstens: Die Diskussion um die Dekonstruktion soll nicht mit denselben kunstsoziologischen Argumenten abgetan werden, wie sie oft gegen den Kunstmarkt vorgebracht werden, weil sofortige Historisierung und Musealisierung durch Ausstellungen sowie Publikationen und Durchsetzungsstrategien altbekannte Mittel sind, deren sich auch die klassische Moderne perfekt zu bedienen wußte. Zweitens: Das Argument des belanglosen ästhetischen Spiels sollte nicht voreilig ins Feld geführt, und damit gleich noch die – je nachdem – harmlose oder gefährliche Ästhetisierung der Vernunft oder sogar deren Verabschiedung vermutet werden. Drittens: Die Behauptung, die architekturfremde Herkunft des Begriffs Dekonstruktion leiste nichts für die Architekturdiskussion, ist zu prüfen.

Blicke über Zäune sind oft produktiv für die eigene Lage, und etwas mehr Licht in Diskussionen bringt oft die romantische Idee der „wechselseitigen Erhellung der Künste".

Vernunftkritik an der modernen Welt ist nicht nur das Geschäft der Philosophie, sie gehört konstitutiv zur Moderne. Für den Prozeß der Literatur gilt dies in hohem Maße, wie Silvio Vietta in seinem neuesten Buch *Die literarische Moderne* aufzeigt. Deshalb sei hier kurz das Entstehungsszenario der modernen deutschen Literatur als Erhellungsbeispiel geschildert. Vietta, dessen Ausführungen ich folge, geht in seiner Analyse von zwei Modernebegriffen aus: von einer rationalistischen Moderne und einer literarischen Moderne. Der Umbruch zur literarischen Moderne Ende des 18. Jahrhunderts vollzieht sich, wie Vietta schreibt, „als eine Reaktion auf grundlegende Geschichtsveränderungen im Gesamtprozeß der Moderne. Generell gilt: Jene geschichtlichen Ermöglichungsgründe, die die literarische Moderne von Grund auf prägen, gehen dieser selbst voraus."[6] Ermöglichungsgrund ist der frühmoderne Rationalismus, der eine neue Form des Weltverständnisses begründet hat, mit dem sich die literarische Moderne kritisch auseinandersetzt. Im zweiten Drittel des 17. Jahrhunderts vollzieht sich eine Revolution in der Philosophie. Der qualitative Sprung, den Denker wie Descartes, Hobbes, Locke, Leibniz einleiten, besteht darin, daß sie das denkend-vorstellende Subjekt, die menschliche Vernunft, als erstes Prinzip der neuen Philosophie setzen: „Nachdem er sinnliche Wahrnehmung und alle Erkenntnisformen einem grundsätzlichen Zweifel unterzogen hat, findet Descartes in der reflexiven Selbstgewißheit des denkend-vorstellenden Verstandes das erste, unbezweifelbare Fundament und damit eine neue Grundlage für alles weitere Wissen. Diese Philosophie beginnt also mit einem Akt der Selbstermächtigung

des menschlichen Verstandes als Subjekt der Erkenntnis."[7] Fünf Strukturmerkmale definieren nach Vietta die rationalistische Moderne.
1. Der Rationalismus orientiert sich in seinem Denken an der Exaktheit und Systemstruktur der Mathematik.
2. Er begründet sich als Herrschaftsdenken des Subjekts, und das Verstandesdenken breitet sich über die Formen der Naturerkenntnis und über das Verständnis vorrationaler Kulturen aus.
3. Der moderne Rationalismus ist universalistisch; er vereinnahmt alle Seinsbereiche und verändert die ganze Welt. Zudem hat er einen konstruktivistischen Grundzug, indem er tendenziell die Erkenntnis der Wirklichkeit widerspruchsfrei-logisch dem Erkenntnissubjekt anverwandeln will, und so die Objekte zum Konstrukt des Subjektes macht.
4. Die rationalistische Moderne ist reflexiv und kritisch allen Herrschaftsansprüchen gegenüber, die in der traditionellen Metaphysik der Theologie ihren Grund fanden. Hierin hat sie emanzipatorische Wirkung gezeigt.
5. Sie hat eine neues Zeitbewußtsein geschaffen: das der permanenten Veränderung, der Innovation und des Fortschritts.

Dieser frühmoderne Rationalismus, der die reflexive Selbstermächtigung des modernen Subjekts und seine Selbstauslegung als rationalistisch-rechnendes Denken begründet, ist die Voraussetzung für die moderne Selbstbegründung der Ästhetik in der Romantik. Die literarische Moderne begleitet den Verlauf der wissenschaftlich-technisch-ökonomischen Moderne mit kritischer Gegenstimme: Sie thematisiert den Erkenntnisverlust, den das neue Denken mit sich bringt, sie wendet sich gegen den neuen Subjektivismus und Anthropozentrismus, sie beklagt die metaphysische Obdachlosigkeit und die Folgen von Säkularisierung und Nihilismus. Deswegen ist sie noch lange nicht irrationalistisch oder antiaufklärerisch. Sie ist die notwendige Korrektur zu den Herrschaftsansprüchen der Vernunft, sie ist kritische Aufklärung. Die moderne Welt ist kein monolithischer Block, sondern ambivalent und in sich gegenläufig.

Zur Geburtsstunde der modernen Welt gehört auch der Zusammenbruch der Theodizee von Leibniz. Der moderne Funktionalismus könnte sogar auch damit etwas zu tun haben. 1710 schreibt Leibniz mit seinem Buch *Die Theodizee* eine letzte Verteidigungsschrift der Güte Gottes. Neu an dieser Philosophie ist, daß der Mensch erstmals Gott den Prozeß macht. In der Theologie und Philosophie wurde Gott bis dahin davon freigesprochen, daß er so viele Übel in der Welt zulasse; er müsse sie zulassen, damit die Menschen mit ihrem freien Willen entscheiden könnten, wie sie mit ihnen fertig werden. Die Übel sind gleichsam die Trainingschancen für die Menschen, und am Umgang mit dem Widerständigen, Bösen und Schlimmen zeigt sich, wer ein gottgefälliger Mensch ist. Aufs Ganze gesehen, werden die Übel durch das Gute ausgeglichen und kompensiert. Dieses Argument läßt Leibniz nun fallen. Das tragende Hauptargument seiner Verteidigung ist, wie Odo Marquard schreibt, nur noch dies: „Schöpfung ist die Kunst des Bestmöglichen; darum muß Gott, wie der Politiker bei seiner ‚Kunst des Möglichen' mit Rücksicht auf Kompatibilitäten – die Übel in Kauf nehmen, zulassen: das Optimum als Zweck rechtfertigt die Übel als Bedingungen seiner Möglichkeit. Das geheime Grundprinzip dieser Theodizee ist darum – horribile dictu – der Satz: Der Zweck heiligt die Mittel."[8] Mit anderen Worten: die Kunst des Bestmöglichen rechnet mit den Übeln, und schafft, wie Voltaire dies in seinem *Candile* bissig parodiert, die beste aller möglichen Welten. Aber eine perfekte, beste Welt kann sie vor diesem Hintergrund nie mehr werden.

Das Erdbeben von Lissabon 1755 gibt selbst noch dieser pragmatischeren Schöpfungsbetrachtung den Gnadenstoß – und eine gnadenlose, säkularisierte Version der Theodizee ohne Gott kommt langsam ins Spiel. Sie lautet: Wenn – erstens – der Zweck die Mittel heiligt, und wenn man – zweitens – nicht mehr glaubt, daß üble Mittel heilende Wirkung haben können, und wenn – drittens – der Zweck ein guter sein soll, dann folgt daraus: Schlechte Mittel dienen einem schlechten, gute einem guten Zweck. Die üblen Mittel gehören nicht mehr zum Schöpfungsplan und werden nicht mehr in Kauf genommen. Ohne Gott müßte es dem Menschen nun gelingen, wenn er sein Schicksal selbst in die Hand nimmt, daß alle Mittel heilig werden, damit der Zweck ein guter ist. Hierin liegt der Ursprung aller modernen politischen Utopien, die einen irdischen Paradieszustand als Endzustand anstreben – eine Welt, die nicht nur die bestmögliche ist, sondern ein Arkadien ohne Güterabwägung. Man könnte auch hellhörig werden in bezug auf die Architektur der Moderne: Auch sie wollte, daß der Zweck – oder, je nach Vokabular, der Gebrauchswert, oder die Funktion, die formalen und materialen Mittel heiligt. „Form follows function" heißt doch, daß die Mittel heilig werden müssen, beispielsweise als materialgerechte Form, damit der gute Zweck sich erfüllen kann. Das Programm des Funktionalismus ist ein Programm nach dem Tode Gottes, und es postuliert: Entübelung der Welt durch gute Güter statt durch die Güte Gottes.

Vor diesem Hintergrund wird die protestantisch-rationale Ethik im Laufe des 18. Jahrhunderts radikal wirkungsmächtig. Der Protestantismus hat grundsätzlich eine weltverneinende Welteinstellung, die jedoch nicht zu passiver und mystischer Weltabwendung führt; der Heilsweg führt, mittels innerweltlicher Askese als Vermeidungsstrategie gegen die Übel, mitten durch die Welt hindurch. Ein protestantisches Leben kann nur Fassung bekommen von asketischen, d. h. reinen, einfachen und glatten Formen. Ornamentik ist zu verführerisch, zu sinnlich, zu unwahr, zu rhetorisch. Der so vermiedene ornamentale Überschuß wird übergeführt in moralischen Überschuß: Die reduzierten Formen predigen das richtige Maß, den vernünftigen Zugang zum Leben, die richtige Gefühls- und Sinnesökonomie, Klarheit und vermeintliche Ehrlichkeit.

Der Rationalismus mit seiner subjektzentrierten Weltsicht sowie eine säkularisierte Theodizee führen dazu, daß alle Lebensbereiche zu Verkörperungen der Subjektivität des Menschen werden müssen. In ihnen soll Wirklichkeit werden, was das Ich will. Deshalb kann nichts mehr als gegeben hingenommen werden. Welterkenntnis und Ich werden dem Verstand und der Analyse unterworfen. Reflexion und Selbstreflexion sind der Ausdruck der neuen, modernen Zeit. Dazu gehört auch, daß der Mensch seine Geschichte selbst in die Hand nimmt und sie in eine vernünftige Bahn lenkt. In der Entstehungsphase der Moderne wird deshalb das tradierte Spektrum von Geschichtserzählungen umgeschmolzen in einen kohärenten Geschichtsbegriff. Es entsteht der ‚Kollektivsingular' *die* Geschichte. Bis ins 18. Jahrhundert war ‚Geschichte' eine Pluralform, die verschiedene Geschich*ten* als „Inbegriff alles in der Welt Geschehenen" (Grimm) erzählt. Geschichte als Einzahl hat höhere Ambitionen: Nicht mehr nur die einzelnen ‚Histörchen' sollen erzählt werden, die Geschichte hat jetzt die Aufgabe, die ganze Wirklichkeit zusammenhängend zu erfassen, welche die Komplexität der bisher zurückgelegten Strecke des irdischen Lebens umfaßt. Geschichte will also nicht mehr ‚nur' der Inbegriff von Geschich*ten* sein, sie will *die* Geschichte begreiflich machen.

Die geschichtsphilosophische Wende zur Zeit der Französischen Revolution setzt alle Hoffnungen in die Geschichte: Sie soll den Fortschritt in eine bessere Welt garantieren, sie besetzt die Zukunftshoffnungen, sie wird die Menschen zu Freiheit, Gerechtigkeit und Solidarität führen. Hegel verklammert aufklärerische Philosophie und Geschichte vollends, wenn er davon ausgeht, daß es in der Geschichte vernünftig zugegangen sei. Weil er dies annimmt, kann er schreiben: „Dieser Prozeß, dem Geiste zu seinem Selbst, zu seinem Begriffe zu verhelfen, ist die Geschichte."[9] Und er formuliert den wunderbaren Satz: „Wer die Welt vernünftig ansieht, den sieht auch sie vernünftig an; beides ist in Wechselbestimmung."[10] Die Geschichte steigt auf zu einer letzten Instanz, von der her alles kommt und durch die alles wird. Sie ist die große Bewegerin, und nur in ihr und mit ihr vollzieht sich die Selbstentfaltung des Geistes. Schicksal und menschlicher Fortschritt, dessen sich nun der vernünftige, freie und aufgeklärte Bürger bemächtigen muß, um nicht mehr mythisch-ohnmächtig der Natur und einer vorrationalen Götterwelt ausgeliefert zu sein, liegen in ihrer Macht. Die Menschheit ist dazu aufgerufen, ihre Geschichte schicksalslos selbst zu machen.

Dieses Geschichte-machen-müssen provoziert zwei Formen des Verhaltens zur Geschichte: einen Ahistorismus und einen Historismus.

1. Damit alle Geschichte machen können, müssen alle freie und mündige Bürger sein. Es zählt also nicht mehr die Blutsverwandtschaft und die Genealogie, sondern die Zugehörigkeit zum Ganzen an einer abstrakten gesetzlichen Ordnung. Um diese Mitgliedschaft zu begründen, braucht man keine historischen Umstände, keine Geschichte. Was die Gesellschaft zusammenhält, ist die räumlich begrenzte Macht des Gesetzes, dem gegenüber alle gleich sind. Dieser Rationalismus, der alle anderen Zusammengehörigkeiten wie Religion, Dorf, Familie nicht mehr braucht, begründet eine ahistorische Gleich-Gültigkeit, wie sie übrigens auch in den Naturwissenschaften vorherrscht.

2. Die bürgerlichen Freiheitsrechte mußten und müssen erkämpft werden. Zum Kampf um diese gleich-machenden Rechte gehörte und gehört aber der Kampf gegen die herrschende Tradition, d. h. um das, was eben verschieden machte. Man will wissen, warum das Tradierte so ist, wie es ist, also muß man historisch zu verstehen suchen, warum der Mensch und seine Welt so und nicht anders gewesen war, und ob die Welt und die Menschen geändert werden könnten. Dazu muß man auch seine Geschichte kennen, also betreibt man wieder Geschichte, jetzt als Genealogie, als Herkunftsforschung für die ganze Menschheitsgeschichte – als historische Anthropologie, Völkerkunde, Ethnologie, Psychohistorie, Sozialgeschichte, Mentalitätsgeschichte, Kunstgeschichte, Archäologie etc. – als historische Wissenschaft.

Das historische Bewußtsein hat hier seinen Ursprung. Die drei Dimensionen der Zeit – Vergangenheit, Gegenwart und Zukunft – sind in der von der Geschichte geforderten Bewußtseinslage als eine Art dreifaltiger Gott anwesend: die Vergangenheit als Historismus für die natürliche, anthropologische, politische und kulturelle Herkunftsforschung, die Gegenwart als Ahistorismus für das souveräne Individuum, und die

Zukunft als Steuerungskraft und Hoffnung, welche den Lauf der gegenwärtigen Geschichte in die richtige Richtung zu zwingen hat.

Die moderne Welt ist bestimmt von Prozessen und Vorstellungen, die tendenziell ein einheitliches Weltbild konstruieren: vom mathematischrechnenden Geist des Rationalismus, vom Herstellen der bestmöglichen Welt mit Hilfe eines reinen Zweck- und Nutzungsdenkens, dem die Güterabwägung untergeordnet wird, und welches zur Institutionalisierung von zweckrationalem Wirtschafts- und Verwaltungshandeln führt, und von der Idee der einen Geschichte als einem einheitlichen Vernunftsprozeß. In dieser Welt spielt die rationalistische Moderne immer den dominanten und global beherrschenden Part. Was sich diesen Konstruktionen von Rationalität nicht fügt, ist Abweichung und muß sich als Abweichung vor dem Hintergrund des Rationalismus legitimieren. Die Folie der Moderne heißt Rationalität, das Stück ‚Moderne' wird vor diesem Bühnenprospekt gespielt.

Es wird nun beinahe evident, was Dekonstruktion bedeuten könnte: Sie will den Vorstellungen und Konstruktionen des rationalen Denkens, welche ermöglichen sollten, die Erkenntnis der Wirklichkeit möglichst widerspruchsfrei im Erkenntnissubjekt zu rekonstruieren, auf die Spur kommen, indem sie diese dekonstruiert. Sie möchte demzufolge bis auf die Fundamente vorstoßen, welche eine subjektzentrierte und rationale Wirklichkeitsrekonstruktion erst möglich gemacht haben.

Was Jacques Derrida Dekonstruktion nennt, ist eine Strategie, Texte der Philosophie oder der Literatur auf eine bestimmte Weise zu lesen und zu befragen – zum Beispiel danach, wie es Autoren und Texten gelingt, das bewegliche Heer von Metaphern so zu organisieren, daß sie in ihren Werken unumstößliche Wahrheiten und Absolutheiten postulieren können; oder was sie vorkehren, um Grundprinzipien oder Fundamente, auf welchen ihre Theorien ruhen, schlüssig rechtfertigen und behaupten zu können; und welche Anstrengungen, Täuschungsmanöver und Vereinfachungen sie in Kauf nehmen, um zu einem Weltbild zu gelangen, in welchem ihre Sicht der Wirklichkeit bruchlos aufgeht. Dekonstruktion ist Schicht-Arbeit, die aufspüren will, was einem Text an Unbewußtheit zugrunde liegt, das der blinde Fleck im Auge des Autors nicht sehen kann.

Diese Strategie löst zuerst die immanenten Begriffshierarchien der Denksysteme auf, und zwar deshalb, weil man es „bei einem klassischen Gegensatz nicht mit der philosophischen Koexistenz eines vis-à-vis, sondern mit einer gewaltsamen Hierarchie zu tun hat".[11] Bei dieser Umstoßungsarbeit geht es darum herauszufinden, wie die Hierarchien zustande kommen, wie sie sich selbst erklären und legitimieren. Dekonstruktion kann nicht als überlegene Vernunft auftreten. Dazu müßte sie eine Theorie oder ein System aufgebaut haben, das seine Überlegenheit beweisen könnte, und damit begänne bereits wieder das Spiel mit den Oppositionen und das Denken in einem Wahr-/Falsch-Schematismus, d. h. wieder das hierarchische Denken. Dekonstruktion kommt deshalb nicht von außen an die vorgegebenen Strukturen heran, sie kann nur dann funktionieren, wenn sie das System bewohnt: „Die Dekonstruktion hat notwendigerweise von innen her zu operieren, sich aller subversiven, strategischen und ökonomischen Mittel der alten Struktur zu bedienen, das heißt, ohne Atome und Elemente von ihr absondern zu können."[12] Das Programm heißt demnach: Umstoßen, Innenarbeit, Aufbrechen. Gewagt ließe sich sagen, daß eine Art Virus in ein System eingeschleust wird und darin herumgeistert, nicht um das Programm zu zerstören, sondern um das Begriffsgebäude, die Begriffspyramide, bloßzustellen.

Die Grundprinzipien, auf denen diese Gebäude basieren, sind nach Derrida immer metaphysischer Natur. Diese ‚Hinterwelt' isoliert die Erscheinungen und betrachtet sie als unveränderlich, als immerseiend und immerstimmend. Derrida zeigt in seinen Analysen, daß alle Namen für Begründung, Prinzip oder Zentrum metaphysische Begriffe sind, die wie erratische Blöcke aus der Geschichte auftauchen. Zugleich sind alle metaphysischen Begriffe Invarianten einer Präsenz: Die Unmittelbarkeit der Empfindung, die Behauptung letzter Wahrheiten für ein göttliches Bewußtsein, die Annahme eines Ursprungs für die Geschichte, die spontane, nicht vermittelte Intuition, die Wahrheit, die hinter den physischen Erscheinungen steht – all diese Ideen und Vorstellungen berufen sich auf Einsichten, die anscheinend evident sind.

Die metaphysischen Begriffe tragen als Fundamente ganze Denksysteme, die sie begründen und hierarchisieren. Dadurch hierarchisieren sie auch die Vorstellungs- und Lebenswelt. Weil immer hierarchisiert wird, wird die Suche nach Grundprinzipien oder nach einer Zentriertheit zu einer bestimmten Reise, zu einer Gralssuche. Diese wird in der Formulierung Derridas „zum Unternehmen einer ‚strategischen' Rückkehr in Form einer Idealisierung, zu einem Ursprung oder einer Priorität, die als einfach, intakt, normal, rein, mustergültig, selbstidentisch gesehen wird, um dann davon ausgehend die Ableitung, die Komplikation, den Verfall, den Zufall usf. zu denken. Von Plato bis Rousseau, von Descartes bis Husserl sind alle Metaphysiker so vorgegangen: das Gute vor dem Bösen, das Positive vor dem Negativen, das Reine vor dem Unreinen, das Wesentliche vor dem Zufälligen [...], es ist die metaphysische Forderung schlechthin, die konstanteste, tiefste und stärkste Vorgehensweise schlechthin."[13]

Wenn wir versuchen, diese Einsicht Derridas auf die Moderneproblematik umzulegen, läßt sich daraus ableiten: Wenn es ‚die Moderne' als Kollektivsingular überhaupt gibt, dann besteht sie aus der Verklammerung von Rationalität, Zweckdenken und der Idee eines gerichteten, vernünftigen Geschichtsprozesses. Und die Stimmen, die sich dieser Grundierung kritisch entgegenstellen, differenzieren sich aus in viele ‚Modernen', die an den Säkularisierungen und Fortschrittstendenzen der ‚Moderne' trotzdem teilhaben. Sie sind die notwendigen komplementären Gegenkräfte gegen die Homogenisierungsmacht, die in der Moderne – in der Einzahl – steckt. Aber wie Derrida beschreibt, sind die Modernen – in der Mehrzahl – die Abweichler und die Abtrünnigen, weil sie die modernen Erfahrungs- und Wirklichkeitsverluste beschreiben und den Idealisierungen heterogene Welten entgegensetzen. Der Philosoph Georges Bataille bezeichnet in seinen leider sehr fragmentarischen Vorarbeiten zu einem Buch über das Heterogene, dem Dossier ‚*Hétérologie*', die Phänomene, die sich dem Homogenen nicht einverleiben lassen, mit „déchets", Abfall.[14] In der modernen Literatur und Kunst sind diese Abfälle in allen Schattierungen thematisiert worden.

Bleiben wir noch einen Moment bei der strategischen Rückkehr zu einer Idealisierung, zu einem Ursprung, oder einer Priorität, die das Reine über das Vermischte, das Mustergültige über das Zufällige, das Intakte über das Unfertige, das Selbstidentische über das Nicht-Identische stellt. Es ist evident, daß sich in der Architektur der klassischen Moderne ihre Homogenisierungstendenzen am deutlichsten niedergeschlagen haben. Bis heute läßt sich im architektonischen Diskurs übrigens auch das Denkmuster, welches Derrida vorführt und welches zur Moderne gehört, herauslesen, daß nämlich alle architektonischen Bewegungen, wie etwa der Expressionismus oder sogar die organische Architektur, sich an der rationalen und funktionalen Architektur messen lassen müssen, d. h., sie werden in irgendeiner Form als Abweichungen begriffen. Die reinen geometrischen Formen scheinen körperlich zu predigen, sie scheinen der ‚sermo corporeus' dessen zu sein, was bei den Metaphysikern die Ausdrücke für Unmittelbarkeit, Uranfang und Zentrum begrifflich leisten. Die Formen müssen, damit sie wesentlich und wahr sind, formal einfach, intakt, normal, rein, mustergültig und unreduzierbar sein, ohne rhetorische

Floskeln. Die Form selbst wird so metaphysisch geladen, die reinen Grundkörper werden zu metaphysischen Körpern. Also auch hier: strategische Rückkehr in Form einer Idealisierung – hin zu Einheit und Einfachheit, zu Uranfang und Ursprung. Vielleicht liegt hier der Ursprungsmythos der funktionalen und rationalen Moderne.

Dekonstruktion ist ein strategisches Vorgehen gegen die Versuchungen, sich auf den Weg der strategischen Rückkehr zu begeben. In der Architektur selbst gibt es dieses Vorgehen, diese Rückkehrvermeidungsstrategien auch. Aber sie sind nicht auf einen Nenner zu bringen. Die sogenannten dekonstruktivistischen Architekten gibt es als Gruppe nicht, sondern eben nur als Strategen, die versuchen, das Vokabular der Grundformen mit verschiedenen Einsichten kritisch zu machen. Sie verlegen das Spannungsverhältnis von Homogenität und Heterogenität in die Architektur selbst und bringen es mit architektonischen Mitteln zur Darstellung. Sie tragen es gleichsam auf dem Baukörper aus. Daß sie sich dabei am Formenvokabular der klassischen Moderne abarbeiten, gehört konstitutiv zu ihrer Arbeit, weil sich niemand, selbst die Philosophen nicht, mit einem Kraftakt à la Münchhausen aus dem Denkhorizont der Moderne herausziehen kann.

Peter Eisenman beschäftigt sich seit über zwanzig Jahren mit der Dekomposition der modernen Architektur. Er ist der kulturelle und psychoanalytische Schichtarbeiter unter den Architekten: Er legt in seinen Schriften die Architektur gleichsam auf die Couch und entmystifiziert die vor ihr liegenden und von ihr fraglos akzeptierten Heilslehren der Geschichtsphilosophie und der Vernunft. Für ihn verkörpert J. N. L. Durand den historischen Moment der höchsten Autorität der Vernunft. Bei Durand werden formale Ordnungen zu Grundformen, und rationale Ordnungen ersetzen die natürlichen und göttlichen Gesetze, um räumliche und konstruktive Probleme anzugehen. „Gegen Ende des 19. und Anfang des 20. Jahrhunderts", schreibt Eisenman, „ersetzen Funktion und Technik den Katalog der Grundformen als Urformen. Der springende Punkt ist jedoch, daß man seit Durand glaubte, die deduktive Vernunft [...] sei fähig, ein wahrhaftes (das heißt: bedeutungsvolles) architekturales Objekt hervorzubringen. [...] Wenn Architektur rational aussah – d. h. Rationalität repräsentierte –, glaubte man, sie repräsentiere Wahrheit. Überdies blieb bei diesem Verfahren die Vorherrschaft des Ursprungs intakt. Das Rationale wurde die moralische und ästhetische Basis der modernen Architektur. Es bleibt die Frage, warum sich die Moderne nicht in dieser Kontinuität (der Geschichte) sehen konnte. Eine Antwort lautet, daß die Ideologie des Zeitgeistes sie an ihre Gegenwart fesselte mit dem Versprechen, sie von der vergangenen Geschichte zu lösen; sie war ideologisch in die Falle der Ewigkeitsillusion ihrer eigenen Zeit gegangen."[15]

Bernard Tschumi hat sich über Jahre mit den Grundlagen der modernen Architektur auseinandergesetzt und sich, sozusagen von französischer Seite inspiriert, mit dem Thema der Transgression in bezug auf die Architektur befaßt: mit der Lust und der Gewalt, mit dem Eros und dem Zerfall (eROTism), mit dem Wahnsinn und dem Zufall, mit Bereichen, welche die Grenzen einer diskursiven Vernunft überschreiten. Sein theoretisches Bemühen galt lange dem ‚Anderen' der Architektur, dem Verdrängten, Tabuisierten, dem ausgeschlossenen Sinnlichen, welches die Formen stört oder sogar zerstört. Tschumi stellte fest, daß es kaum Versuche gegeben habe, in Anlehnung an die bildende Kunst etwa, die Poesie des Zufalls, die radikale Kritik durch Ironisierung, den Stilbruch – man denke an Picasso –, oder sogar die Technik der Collage und Montage für die Architektur fruchtbar zu machen.[16]

Dezentriertheit, Heterogenität und Fragmentation sind die Eckpfeiler im architektonischen Denken Bernard Tschumis – der Mythos einer kohärenten Moderne ist für ihn ein zerfallender. Deshalb wendet er bei seiner Entwurfspraxis die Strategie der Disjunktion an – der Entkoppelung oder Trennung –, weil er verhindern will, daß zu schnell aus einem Teil eine Synthese von selbst-genügender Totalität wird.[17] Disjunktion heißt auch, daß Erkundungen in verschiedene andere Wissensformen unternommen werden, wie etwa in der Literatur oder dem Film, und daß die so gewonnenen verschiedenen Erkenntnisse nicht unter Totalitätszwang versöhnt werden, sondern als klar unterscheidbare Teile und als verschiedene Denkstile identifizierbar bleiben. Auf diese Weise werden die Differenz und die Dissoziation akzentuiert.

Eine Frage drängt sich nach den Einsichten Eisenmans, Tschumis und anderer Architekten, die dekonstruktive Strategien verfolgen, auf: Warum denn die moderne Architektur erst jetzt manifest zu solchen Gedanken und Formen kommt, nachdem die anderen ‚Modernen', wie die Literatur, die Bildende Kunst oder die Skulptur, schon längst das Vokabular der kritischen Aufklärung und des Ab-falls zur rationalistischen Moderne durchgespielt haben. Dafür gibt es sicherlich verschiedene, einleuchtende Gründe: Die Architektur ist eine Kunst, in der – und nicht nur mit der – die Menschen leben, und die sich jahrzehntelang bewähren muß. Ein gebauter Schock oder eine gebaute Aufregung verliert jedoch, wenn er zum Dauerzustand wird, als Überraschungswert seine Wirkung; als Raumkunst, die in Realität umgesetzt sein will, kann sie nicht die psychischen Stimmungen, die Träume, die Phantasmen oder die Gegenwelten bauen, die in anderen Künsten zur Darstellung gebracht werden. Aber sie kann, wenn es sich um gute Architektur handelt, Innenwelten evozieren oder ihnen einen Halt bieten; als raumgefaßter Zeitausdruck ist sie auch symbolisches Signal des herrschenden Geschichtsverständnisses; und selbstverständlich hat Architektur als Konstruktion und von ihren sozialen und finanziellen Bedingungen her eine viel größere Nähe zur mathematisch-technisch-ökonomischen Welt. All diese Argumente können jedoch die Frage nicht befriedigend beantworten. Was helfen könnte, wäre eine – dekonstruktive – Analyse der Weltbilder der modernen Architekten und ihrer Schriften.

Anmerkungen

1 Hitchcock, Henry-Russell Jr.; Johnson, Philip, The International Style: Architecture since 1922, New York 1932. Deutsche Ausgabe: Der Internationale Stil 1932, (= Bauwelt Fundamente 70), Braunschweig 1985
2 Johnson, Philip; Wigley, Mark, Dekonstruktivistische Architektur, Stuttgart 1988, S. 11
3 A. a. O., S. 7
4 Veröffentlicht in: Bernard Tschumi: La Case Vide. La Villette 1985. Folio VIII, London 1986. Deutsch in: Welsch, Wolfgang (Hrsg.), Wege aus der Moderne, Weinheim 1988, S. 215 ff
5 Derrida, Jacques, Pourquoi Peter Eisenman écrit de si bon livres, in: Psyché, Paris 1987. In englischer Sprache abgedruckt in: A+U 1988:08, Special Edition Peter Eisenman
6 Vietta, Silvio, Die literarische Moderne, Stuttgart 1992, S. 10
7 A. a. O., S. 22
8 Marquard, Odo, Der angeklagte und der entlastete Mensch in der Philosophie des 18. Jahrhunderts, in (ders.), Abschied vom Prinzipiellen, Stuttgart 1981, S. 47
9 Hegel, G. W. F., Die Vernunft in der Geschichte, hrsg. von Johannes Hoffmeister, Hamburg 1955 (5. Aufl.), S. 4
10 A. a. O., S. 7
11 Derrida, Jacques, Positionen, Graz 1986, S. 88
12 Derrida, Jacques, Die Struktur, das Zeichen und das Spiel im Diskurs der Wissenschaften vom Menschen, in: Die Schrift und die Differenz, Frankfurt/M. 1972, S. 424
13 Derrida, Jacques, Limited Inc. Supplement zu Glyph 2, Baltimore 1977, S. 236
14 Bataille, Georges, Dossier „Hétérologic", in: Qeuvres complètes II, Paris 1970, S. 178 ff
15 Eisenman, Peter, The End of the Classical: The End of the Beginning, the End of the End, in: Perspecta 21 (1984), S. 155 ff
16 Siehe vor allem Bernard Tschumis Bildmanifeste (in: Space Design 78:02, Tokyo) und seine beiden Aufsätze: Architecture and Transgression (in: Oppositions 7, 1976, S. 57 ff) und Madness and the Combinative (in: Precis 5, Fall 1984, S. 57 ff), sowie seine Lectures on Architecture (Questions of Space, Text 5, Architectural Association, London 1990)
17 Tschumi, Bernard, Disjunctions, in: Neues National-Theater, Tokio, 1986–1987, Berlin 1987, o. S.

Das weite Feld der Dekonstruktion

Wolfgang Welsch

1 Philosophie und Architektur – ein altes Bündnis

Philosophie und Architektur stehen in alter Verwandtschaft. Daher ist es nicht ungewöhnlich, wenn ein Philosoph sich zu Fragen der Architektur äußert. Implizit tut er es immer. Seiner Disziplin, der Philosophie, sind – klassisch, modern, postmodern – architekturale Begriffe und Metaphern grundlegend eingeschrieben.

Wir kennen das aus der alltäglichen Rede von Grundlagen und Fundamenten, die wir vom Denken oder der Philosophie erwarten, oder auch aus der Rede von Begriffskonstruktionen und Gedankengebäuden. Zudem hat die Philosophie ihre Selbstreflexion immer wieder mit Architekturüberlegungen verbunden. Aristoteles bezog sich mehrfach auf den Architekten als Leitfigur eines Wissenstyps.[1] Kants *Kritik der reinen Vernunft* enthält gegen Ende ein sehr bedeutsames Kapitel, das „Architektonik der reinen Vernunft" überschrieben ist. Nietzsche hat den Menschen vollends als Baumeister begriffen. Wittgenstein bezeichnete es als sein Ziel, „die Grundlagen der möglichen Gebäude durchsichtig vor mir zu haben".[2]

Die Architektur kommt aber nicht nur als Aufbauunternehmen, sondern auch als Menetekel und Destruktionsgebot in der Philosophie vor. Descartes sagte, er wolle das Haus seiner Überzeugungen einreißen, um ein neues – das der neuen Wissenschaft – aufzubauen.[3] Kant warnte vor der allzu großen „Baulust" der menschlichen Vernunft, die den Turm der Metaphysik schon mehrfach aufgeführt habe, hernach aber wieder abtragen mußte, um sich erst einmal zu vergewissern, ob die Fundamente überhaupt tragfähig seien.[4] Man hatte traditionell, sagt Kant, „einen Turm im Sinne [...], der bis an den Himmel reichen sollte", jetzt aber haben wir erkannt, daß wir uns bescheidener einrichten müssen: in einem „Wohnhause [...], welches zu unseren Geschäften auf der Ebene der Erfahrung gerade geräumig und hoch genug" ist.[5] Kant – in gewissem Sinn der erste philosophische Dekonstruktivist der Moderne – spricht in diesem Zusammenhang ausdrücklich von einer „Demütigung" der Vernunft.[6] Mit der Metapher des Turmbaus spielt er – lange vor Derrida – auf den Turmbau zu Babel an.

Auch die zeitgenössische Philosophie muß, wo sie sich gegen traditionelle Prämissen des Denkens wendet, deren architekturale Momente thematisieren und kritisieren. Das ist schon an Wittgenstein zu erkennen. Während es der Tradition laut Wittgenstein darum ging, „ein immer komplizierteres Gebilde zu konstruieren", ist Wittgenstein überhaupt nicht daran interessiert, „ein Gebäude aufzuführen [...]".[7] Ihm ist vielmehr „die Klarheit, die Durchsichtigkeit, Selbstzweck".[8] Darin sind bereits Motive von Dekonstruktion wirksam. Noch deutlicher werden sie in folgender Überlegung zum Verfahren, das Wittgenstein in seinem Hauptwerk, den *Philosophischen Untersuchungen*, verfolgt: „Woher nimmt die Betrachtung ihre Wichtigkeit, da sie doch nur alles Interessante, d. h. alles Große und Wichtige, zu zerstören scheint? (Gleichsam alle Bauwerke, indem sie nur Steinbrocken und Schutt übrig läßt.) Aber es sind nur Luftgebäude, die wir zerstören, und wir legen den Grund der Sprache frei, auf dem sie standen."[9] Während Wittgenstein hier selbst noch an einem Fundamentglauben festzuhalten scheint, erwägt er anderenorts eine fürwahr dekonstruktivistische Umkehrung des Verhältnisses von Fundament und Gebäude: „Ich bin auf dem Boden meiner Überzeugungen angelangt. Und von dieser Grundmauer könnte man beinahe sagen, sie werde vom ganzen Haus getragen."[10]

Ich habe Kant und Wittgenstein ausführlicher zitiert, um anzudeuten, daß sich Motive der Dekonstruktion nicht nur bei den expliziten Dekonstruktivisten, sondern auch bei anderen großen Denkern der Moderne und Gegenwart finden. Dekonstruktion gehört zum Chromosomensatz aktuellen Denkens. Am deutlichsten sind diese Motive freilich in der Postmoderne Lyotards und vor allem in der ausdrücklich so benannten Dekonstruktion Derridas artikuliert. Lyotard spricht von einer „Destabilisierung" und „Desidentifizierung". Sie betrifft die Auffassung des Menschen und reicht bis ins Verständnis der Materie hinein.[11] Derrida unterzieht das gesamte herkömmliche Denken einer Dekonstruktion.[12]

Eines aber sei sogleich festgehalten. Es verbindet die philosophischen Dekonstruktivismen mit den architektonischen. Dekonstruktion ist nicht gleichbedeutend mit Destruktion. Dekonstruktion meint vielmehr (wie Derrida einmal treffend gesagt hat) Ab-auf-bau (De-kon-struktion). Wo die Philosophie ihre traditionelle Architektonik kritisiert und ablegt, kann sie dies nur tun, indem sie zugleich eine andere vorschlägt und ausarbeitet – statt der rigid-hierarchischen eine rhizomatische, statt der zentralistischen eine dezentrierte, statt der kosmos-analogen eine selbstreflexive usw. Die Alternative dekonstruktivistischen Philosophierens liegt nicht in der Verabschiedung jeglicher Architektur des Denkens, sondern in der ausdrücklichen Reflexion der architekturalen Momente, die sich zuvor wie selbstverständlich eingeschlichen hatten, und in der Entwicklung neuer Typen denkerischer Architektur – handle es sich um den sprachspiel-variablen Typ Wittgensteins, den mehrfachkodiert-postmodernen Lyotards oder den verstreut-dekonstruktivistischen Derridas.[13] Von daher ist eine Kongruenz dieser philosophischen Anstrengungen mit architektonischen Innovationen zu erwarten. Beide sind de-*kon*struktiv.

2 Dekonstruktion und Postmoderne – Verflechtungen statt Gegensatz

Es scheint mir sinnvoll, das Thema der Dekonstruktion nicht separat zu behandeln, sondern auf seine Verbindung mit der Postmoderne einzugehen. Das kann vor manchem Mißverständnis bewahren, zum Beispiel vor dem, Dekonstruktivismus sei eine gänzlich autonome Erscheinung und sei nicht mehr als der neueste -Ismus, die modische Eintagsfliege von heute oder gestern. Man hat es vielmehr mit einem Motiv zu tun, das man nicht so leicht hinter sich bringen, nicht einfach loswerden kann. Auch „Postmoderne" ist ja nicht, wie die feuilletonistischen Auffassungen unterstellen, primär ein Zeitbegriff (das müssen die Feuilletons freilich unterstellen, um als avantgardistische Pulsfühler des Zeitgeistes heute schon von Post-Postmoderne sprechen zu können), sondern „Postmoderne" bezeichnet in erster Linie eine Haltung oder, wie Lyotard sagte, „einen Gemüts- oder vielmehr einen Geisteszustand"[14], und dieser – dadurch gekennzeichnet, daß er sich rückhaltlos auf die Pluralität des Denkens, der Sprache, der Kulturen etc. einläßt – war schon vor und in der Moderne möglich und bleibt es auch nach ihr. Er ist langlebiger als das Interesse der Tagesgeister.

Dekonstruktivistische Architektur nimmt den Problemfaden postmoderner Architektur, das Problem des Ganzen, erneut auf. Ein Moment von Dekonstruktion gehörte schon zur Postmoderne. Daß ein Ganzes nicht mehr zu erstellen, sondern nur noch als „offenes Ganzes" legitim sei, bedeutete dort bereits einen Angriff auf eine Grundidee klassischer Architektur, war doch Ganzheit eine von deren zentralen Ideen, vielleicht ihre zentralste überhaupt.[15] Die dekonstruktivistische Architektur stellt aber nicht nur das Ganze, sondern schier alle Ideen der klassischen Architektur in Frage bzw. auf die Probe. Insofern bedeutet sie eine Radikalisierung dessen, was mit dem postmodernen Angriff auf das Ganzheitsprinzip begonnen worden war.

Die Zusammengehörigkeit von Postmoderne und dekonstruktivistischer Architektur ist nicht unstrittig. Manchmal wird Dekonstruktion geradezu als Gegenentwurf gegen Postmoderne ausgegeben. Diese Auffassung findet sich insbesondere im innerarchitektonischen Diskurs. Ich will zunächst die Grenze dieser Auffassung aufzeigen. Anschließend will ich zeigen, inwiefern aus der Perspektive des philosophischen Diskurses die Affinität von Postmoderne und Dekonstruktion weitaus offenkundiger ist.

Affinitäten zwischen Postmoderne und Dekonstruktion in Architektur und Philosophie

Manche architektonischen Vertreter des Dekonstruktivismus haben ihr Programm als Gegenprogramm gegen die postmodernen Tendenzen beschrieben – wobei sie freilich unter Postmoderne nicht eigentlich Postmoderne, sondern nur deren Schrumpf- und Zerrform: Neohistorismus verstanden. Diesem Neohistorismus nicht zuzustimmen, ist plausibel. Aber die Postmoderne erschöpft sich nicht in solchem Neohistorismus und Fassadendekor[16]; angesichts ihres vollen Begriffs erweist sich der Dekonstruktivismus eher als eine ihrer Erscheinungsformen.

Andere haben, um die Autonomie der Architektur gegenüber der Philosophie (und der dekonstruktivistischen Architektur gegenüber der postmodernen Architektur) zu sichern, die Bezüge zwischen dekonstruktivistischer Architektur und philosophischer Dekonstruktion zu leugnen oder zu minimalisieren versucht. Auch das ist gut verständlich. Es wäre in der Tat falsch, die dekonstruktivistische Architektur als eine bloße Folge des philosophischen Dekonstruktivismus auffassen zu wollen. Einzelne Anschlüsse dekonstruktivistischer Architekten (Eisenman, Tschumi) an Jacques Derrida, den exponiertesten Vertreter von Dekonstruktion in der Philosophie, bedeuten nicht, daß insgesamt ein Verhältnis direkter Beeinflussung bestünde. Sie können jedoch als Indizien dafür gelten, daß *strukturelle* Entsprechungen bestehen.

Diese strukturellen Entsprechungen sind interessant. Vor ihnen sollte man die Augen auch dort nicht verschließen, wo direkte Einflüsse faktisch nicht vorliegen. Marc Wigley hat zwar recht, wenn er sagt, die dekonstruktivistischen Architekturformen leiteten sich „keineswegs von einer Erscheinungsform zeitgenössischer Philosophie her, die als ‚Dekonstruktion' bekannt ist. Sie sind nicht die Anwendung dekonstruktiver Theorie".[17] Demgegenüber betont Wigley die Autonomie dieser Architekturformen: „Sie gehen [...] aus der architektonischen Tradition selbst hervor."[18] Aber wenn er daraus schließt, diese Architekturen zeigten nur „zufällig" dekonstruktive Eigenschaften[19], so geht er zu weit und täuscht sich. Das Fehlen direkter Kausalität ist nicht schon gleichbedeutend mit „Zufall". Es gibt tiefere Entsprechungsgründe. Und da es nicht alle Tage vorkommt, daß Architekturen wie anschauliche Realisationen dessen gelesen werden können, was eine noch junge und umstrittene Philosophie zu explizieren versucht, sollte man solch seltene Fälle nicht leugnen, sondern untersuchen.

Von der Philosophie aus gesehen, ist überdies die Beziehung von Dekonstruktion und Postmoderne selbstverständlicher. Der Begriff der Dekonstruktion leitet sich von Heideggers Begriff der Destruktion her, und Heidegger gilt zugleich als einer der philosophischen Väter der Postmoderne. Derrida, der den Begriff der Dekonstruktion im Ausgang von Heideggers Rede von „Destruktion" entwickelt hat, ist einer der prominentesten Vertreter postmodernen Denkens. Zwischen Postmoderne und Dekonstruktion besteht mehr als eine Analogie. Man kann schier alles, was in Termini der Postmodernität buchstabierbar ist, auch in solchen der Dekonstruktion ausdrücken.

Untersucht man die Herkunft dekonstruktivistischer Architektur genauer, so tritt die Affinität zwischen Postmoderne und Dekonstruktion schnell zutage. Das gilt für jeden der beiden Herleitungsstränge, die zu beachten sind: sowohl für den architekturgeschichtlichen als auch für den philosophischen.

Dekonstruktivismus und Konstruktivismus

Die architekturgeschichtliche Ableitung greift auf den Konstruktivismus der russischen Avantgarde zurück. Definitorische Merkmale dekonstruktivistischer Architektur wie das diagonale Übergreifen von Quadern und trapezoiden Blöcken finden sich paradigmatisch in der russischen Avantgarde von Malewitsch bis Lissitzky vorformuliert.[20] Schon damals war man darauf aus, mit reinen Formen unreine Kompositionen herzustellen.[21] Das führte zur Einbringung von Störung und Instabilität in die traditionell auf Ordnung und Stabilität verpflichtete Architektur.

In Rußland wurden diese Ansätze jedoch schon bald an den Rand gedrängt. Bereits am kanonischen Werk konstruktivistischen Bauens, am *Palast der Arbeit* der Brüder Wesnin (1923), ist dies zu beobachten. Die Instabilität wurde zu einem ornamentalen Zusatz auf dem Dach einer klassischen Komposition aus reinen Formen degradiert.[22] Die heutige dekonstruktivistische Architektur kann also nur auf eine kurze Phase in der Entwicklung des Konstruktivismus zurückgreifen, auf Entwürfe von 1918 bis 1920. Damals hat man Architekturen voller Störungen und Verzerrungen hervorgebracht, bei denen die Irregularität strukturelle und nicht bloß formal-ästhetische Funktion hatte.[23] In solcher Weise ist auch für die dekonstruktivistische Architektur entscheidend, daß die Störung nicht willkürlich hinzutritt, sondern ein Auswuchs der Form ist, die sie stört. Die Formen verzerren sich sozusagen selbst. Man kann nicht mehr zwischen Wirt und Parasit unterschieden. – Diese architekturgeschichtliche Ableitung macht die Nähe zur Postmoderne deutlich: Die Störung ist eine des Ganzen; sie bedeutet die Einführung von Pluralität in die architektonische Komposition.

Dekonstruktion architektonisch und philosophisch

Die philosophische Ableitung ist in der architekturgeschichtlichen implizit schon enthalten. Denn wenn die architektonische Definition besagt, daß dekonstruktivistische Architektur sich gegen die klassische Idee von Architektur und damit gewissermaßen gegen die Idee von Architektur überhaupt wendet, wonach Architektur eine Einheit herzustellen, Ordnung zu repräsentieren und Stabilität zu erreichen habe, andersherum gesagt: Divergenz tilgen, Konflikte auflösen, Instabilitäten überspielen müsse, dann ist offenkundig, daß die Attacke gegen diese klassische Idee von Architektur der Attacke auf traditionelle Grundideen der Philosophie äquivalent ist, wie der philosophische Dekonstruktivismus sie betreibt. Das philosophische Verfahren der Dekonstruktion richtet sich genau gegen die gleichen Ideen, gegen Einheit, Ganzheit, Totalität, Harmonie, stabile Ordnung und vollendetes Gelungensein (Präsenz), nur diesmal nicht speziell im Blick auf die Architektur, sondern im Blick auf unser Denken, Fühlen, Wähnen und Konstruieren insgesamt. Die philosophische Dekonstruktion deckt auf, daß alle Großordnung von inneren Störungen bedroht ist, die sie allenfalls kaschieren, aber nicht ausschließen kann; daß Sinn nicht die Form vollendeter Präsenz, sondern die einer

Verstreuung und Durchkreuzung hat; daß die Störungen nicht von außen kommen und einer stabilen Ordnung angetan werden, sondern daß Sinn und Ordnung sich nur über solche Verschiebungen, Verlagerungen und Veränderungen konstituieren.

Hat man dies vor Augen, so ist klar, daß die dekonstruktivistische Architektur eine erstaunlich äquivalente anschauliche Realisation dessen darstellt, was die dekonstruktivistische Philosophie über Sinn und Ordnung, Stabilität und Instabilität, Verschiebung und Zerstreuung lehrt.

Derrida

Derrida – auf den in deutschen Landen noch immer proportional zur Ignoranz eingedroschen wird, während er sich weltweit als der wohl bedeutendste Philosoph der Gegenwart erweist – hat besonders wichtige Impulse gegeben. Er ist überzeugt, sich nicht zu schlechthin Fremdem zu äußern, wenn er als Philosoph zur Architektur Stellung nimmt. Wie der Architektur philosophische Prämissen eingeschrieben sind, so ist das philosophische Denken von architekturalen Prämissen durchzogen. Faßbar wird dies, wie einleitend schon gesagt wurde, vor allem dort, wo in der Philosophie von „Grund", „Grundlage", „Fundament", Basis", „Aufbau", „Überbau" oder „Konstruktion" gesprochen wird – und das ist schier allenthalben der Fall. In diesem Sinn kann Derrida sagen: „Dekonstruktion ist vielleicht ein Weg, dieses Architekturmodell selbst in Frage zu stellen – das Architekturmodell, das eine allgemeine Frage ist, selbst in der Philosophie, die Metapher der Grundlagen, der Überbauten, was Kant etwa ‚architektonisch' nennt, und auch der Begriff *arché* [...] Dekonstruktivismus bedeutet also auch, die Architektur in der Philosophie in Frage zu stellen, und vielleicht sogar die Architektur selbst."[24] – Die Dekonstruktion zielt auf eine Kritik der architekturalen Implikationen der Philosophie und der Architekturalität der Architektur zumal.

Derrida macht aus dieser kritischen Befragung freilich kein simples Rasiermesser-Programm. Er ist vielmehr überzeugt, daß man die grundlegenden Optionen nicht einfach los wird. Man kann zwar „die Vorherrschaft der Ästhetik, der Schönheit, die Vorherrschaft der Nützlichkeit, der Funktionalität, des Lebens, des Wohnens" dekonstruieren. „Aber dann muß man diese Themen innerhalb der Arbeit *neu einbringen*. Man kann (oder sollte) diese Werte – Wohnen, Funktionalität, Schönheit und so weiter – nicht einfach abtun."[25] Die Dekonstruktion ist nicht bloß eine

Destruktion, sondern zugleich eine Konstruktion. Beides zusammen zu tun – in der konsequenten Verfolgung der ersten Intention zugleich dahin zu gelangen, daß der zweiten Intention Genüge getan wird –, kennzeichnet das Verfahren der Dekonstruktion. „Dekonstruktion" ist dem Wort wie der Sache nach eine Verdichtung aus „Destruktion" und „Konstruktion".

Hinsichtlich des Verhältnisses von Dekonstruktivismus und Postmoderne insistiert Derrida darauf, daß Pluralität, das Paradekriterium der Postmoderne, im Dekonstruktivismus zur Geltung gebracht werde. Daher spricht er lieber als von „Dekonstruktivismus" von der Pluralform, von „Dekonstruktivismen", „nur damit ich mich an die Heterogenität erinnere und an die Vielfältigkeit, die notwendige Vielfältigkeit der Gesten, Bereiche, Stile".[26] „Es gibt nichts Monologisches, keinen Monolog – deshalb ist die Verantwortung für den Dekonstruktivismus niemals etwas Individuelles oder eine Frage der einzelnen, selbsternannten Stimme des Urhebers. Sie ist immer eine Fülle von Stimmen, von Gesten [...] Und Sie können es als Regel betrachten: daß jedesmal, wenn der Dekonstruktivismus mit nur einer Stimme spricht, etwas nicht stimmt, es keine ‚Dekonstruktion' mehr ist."[27] Postmoderne und Dekonstruktivismus sind polyphon – oder nicht.

Tschumi

In den Ausführungen von Bernard Tschumi werden die Verbindungen zwischen Dekonstruktivismus und Postmoderne besonders deutlich.

Erstens macht Tschumi darauf aufmerksam, daß die architektonische Postmoderne à la Jencks im Widerspruch zu dem steht, was philosophisch als postmodern zu bezeichnen ist. Von der Philosophie aus gesehen, kann nicht eine Resemantisierung den Sinn der Postmoderne ausmachen, sondern es muß gerade um einen Angriff auf die Idee stabiler Bedeutung und auf das semantische Ideal der Präsenz gehen. Tschumi ordnet seine architektonischen Bemühungen diesem philosophischen Postmoderne-Konzept zu. Wenn er vom *Parc de la Villette* sagt, daß er sich „mit einer spezifischen Sicht der Postmoderne verbinden" lasse, so meint er: mit der französisch-philosophischen, nicht der englisch-konsumistischen.[28]

Zweitens weist Tschumi auf die sachliche Verbindung zwischen Dekonstruktivismus und Postmoderne hin. Die „Dispersion des Subjekts" ist in seinen Augen der gemeinsame Schlüssel. Architektonisch geht es um „die Auswirkung einer solchen Dekonzentration auf die gesamte Vorstellung von einer vereinheitlichten, kohärenten architektonischen Form."[29] Hinzukommt eine weitgehende Auflösung der Gattungsgrenzen. Tschumi macht darauf aufmerksam, daß die Architektur „heute Beziehungen zum Film, zur Philosophie und Psychoanalyse in einer Intertextualität unterhält, die die Autonomie der Moderne untergräbt".[30]

Vom *Parc de la Villette* sagt Tschumi: „Es sollte bewiesen werden, daß es möglich ist, eine komplexe architektonische Organisation zu bauen, ohne auf die traditionellen Regeln der Komposition, Hierarchie und Ordnung zurückzugreifen. Das Prinzip der Superposition dreier autonomer Systeme von Punkten, Linien und Flächen wurde dadurch entwickelt, daß die totalisierende Synthese objektiver Zwänge, die bei den meisten Großprojekten offenkundig ist, verworfen wurde. Wenn die Architektur traditionell stets als ‚harmonische Synthese' der Kosten-, Konstruktions-, Gebrauchs- und Formbedingungen (‚*venustas, firmitas, utilitas*') definiert wurde, so ist der Parc de la Villette zur Architektur gegen sich selbst geworden: eine Desintegration."[31] Entscheidend ist, daß die Superposition der drei Strukturen nicht wieder zu einer Megastruktur führt, „sondern zu etwas Unentscheidbarem, zu etwas, das das Gegenteil einer Totalität ist".[32] In diesem Sinn kann Tschumi sagen, seine Architektur sei wesentlich eine der Disjunktion, sie stelle vor allem „den Begriff Einheit in Frage", setze „der Utopie der Einheit ein Ende".[33] – So viel zur Kongruenz von Dekonstruktion und Postmoderne.

3 Dekonstruktion allgemein: der Non-Fundamentalismus des neueren Denkens

Dekonstruktion ist heute ein allgemeines Phänomen. Es betrifft nicht nur die Architektur und das Denken, sondern unsere ganze Wissenschaft, ja all unsere Orientierungsformen, unsere Lebensweise, unsere Sicht der Welt sind davon geprägt. Wir haben keine festen Fundamente mehr. Nicht, daß wir sie verloren hätten. Sondern wir haben erkannt – und akzeptieren zunehmend –, daß alle vorgeblich ewigen oder universalen Fundamente nur Justierungen sind, die zwar ihr Recht und ihre Tragfähigkeit, vor allem aber auch ihre Grenzen haben. Unterschiedliche Fundamente sind möglich, und Wechsel an der Tagesordnung. Das verändert die Auffassung und den Sinn jeglicher Rede von ‚Fundament'. Es geht nicht mehr um absolute Stabilität, sondern um relative Tragfähigkeit. Gerade schwankende, veränderliche, anpassungsfähige Fundamente können sich dabei als ‚stabiler' erweisen, vermögen länger zu halten.

Diese neue Einstellung kann man auf den Begriff des Non-Fundamentalismus bringen. Wohl gibt es Fundamente – aber begrenzte, relative, situative, bewegliche Fundamente, nicht hingegen ein erstes oder letztes ‚Fundament überhaupt', keinen archimedischen Punkt.

Nietzsche hat unsere Situation folgendermaßen beschrieben: „Man darf [...] den Menschen wohl bewundern als ein gewaltiges Baugenie, dem auf beweglichen Fundamenten und gleichsam auf fliessendem Wasser das Aufthürmen eines unendlich complicirten Begriffsdomes gelingt; freilich, um auf solchen Fundamenten Halt zu finden, muss es ein Bau, wie aus Spinnefäden sein, so zart, um von der Welle mit fortgetragen, so fest, um nicht von dem Winde auseinander geblasen zu werden."[34] – Die Konsequenz daraus ist: Unsere Begriffsarchitekturen und Lebensorientierungen müssen so schwebend und elastisch verfaßt sein, wie die Wirklichkeit fließend und beweglich ist.

Dieses Bild Nietzsches, das die Architektonik unserer Verständigungssysteme und Lebensformen beschreibt, wurde im 20. Jahrhundert zunehmend allgemein. So taucht es ganz ähnlich auch bei Otto Neurath auf (der immerhin einer der härtesten wissenschaftstheoretischen Schulen, dem ‚Wiener Kreis', angehörte). Neurath schrieb: „Wie Schiffer sind wir, die ihr Schiff auf offener See umbauen müssen, ohne es jemals in einem Dock zerlegen und aus besten Bestandteilen neu errichten zu können."[35] Dieser Satz wurde dann auch zum Leitspruch des analytischen Philosophen Willard van Orman Quine.[36] Ähnlich heißt es bei Karl Popper: „[...] wir entdecken auch, daß dort, wo wir auf festem und sicherem Boden zu stehen glaubten, in Wahrheit alles unsicher und im Schwanken begriffen ist."[37]

Gianni Vattimo hat für diese neue Auffassung, welche die Vielfältigkeit und Beweglichkeit unserer Orientierungen betont, den Begriff der „Justierung" gebraucht. Seit Nietzsche, sagt er, sei klar geworden, „daß es keine festen, gesicherten, wesentlichen Strukturen, sondern im Grunde nur Justierungen gibt".[38]

Ähnlich hat Richard Rorty darauf hingewiesen, daß wir überall dort, wo wir nach ‚Fundamenten' suchen, nicht etwa auf letzte Basen, sondern auf den Umstand stoßen, daß unsere Fundamente immer nur kulturelle Artefakte, also erzeugt und insofern ästhetisch sind. Rorty plädiert daher für eine „ästhetisierte Kultur", worunter er eine Kultur versteht, „die nicht darauf beharrt, daß wir die echte Wand hinter den gemalten Wänden finden, die echten Prüfsteine der Wahrheit im Gegensatz zu Prüfsteinen, die nur kulturelle Artefakte sind", sondern die „zu schätzen weiß, daß *alle* Prüfsteine solche Artefakte sind".[39]

Diese non-fundamentalistische Verfassung unserer Wirklichkeit ist eine Einsicht nicht nur mancher Ästhetiker, sondern aller reflektierten Theoretiker dieses Jahrhunderts. Sie ist schlicht eine fällige Einsicht. Ästhetik ist in die Grundschicht des Selbstverständnisses eingedrungen, der ästhetische Charakter unserer Grundlagen wurde zunehmend bewußt.

Von der Philosophie über die Wissenschaften bis zu den Künsten und ins Alltagsbewußtsein hinein setzt diese Ästhetisierung sich heute durch. Ob zeichentheoretisch oder systemtheoretisch, ob in Soziologie, Biologie oder Mikrophysik, allenthalben erkennen wir, daß es kein erstes oder letztes Fundament gibt, daß wir vielmehr gerade in der Dimension der „Fundamente" auf eine ästhetische Verfassung stoßen. So sagen uns die Semiotiker, daß die Signifikantenketten stets auf andere Signifikantenketten, nicht auf ein ursprüngliches Signifikat verweisen; die Systemtheorie lehrt uns, daß wir, „statt auf letzte Einheiten zu rekurrieren", immer nur Beobachtungen beobachten und Beschreibungen beschreiben[40]; und die Mikrophysik hat bemerkt, daß sie, wo sie auf Elementares zurückgreifen will, doch nie auf Elementares, sondern stets auf neue Komplexität stößt. Ähnlich hatte schon Montaigne gesagt, daß wir immer nur Anmerkungen über Anmerkungen machen.[41] Dies alles ist aber nicht als Anlaß zu Resignation, sondern als Aussage über die Wirklichkeit – als Ausdruck ihrer grundlegend ästhetischen Verfassung – zu begreifen.

Während man früher gemeint hatte, Ästhetik habe es erst mit sekundären, nachträglichen Wirklichkeiten zu tun, haben wir zunehmend erkannt, daß schon die ‚Primärwirklichkeiten' ästhetisch konstituiert sind. Wirklichkeit ist *im Grunde* ästhetisch verfaßt. Wir geben gerade auf Grundfragen letztlich ästhetische Antworten.[42]

Noch in der Rationalitätstheorie zeichnet sich seit langem ein Vorgang von Dekonstruktion ab. Die territoriale Metaphorik, die traditionell vorgeherrscht hatte, erweist sich zunehmend als untauglich. Zu selbstverständlich hatte man sich immer wieder territorialer Ausdrücke bedient, hatte von „Grund", „Boden", „Bereich", „Gebiet" etc. gesprochen. Dieses Denken der *arché* und des Dominiums aber hat sich inzwischen seiner Struktur nach als ein Denken der Dominanz und Herrschaft entpuppt. Es ist zunehmend unhaltbar geworden. Schon die Aufklärung begann, das zu entdecken. D'Alembert stieß auf das Problem, als er sich fragte, nach welcher Systematik er die Artikel der *Enzyklopädie* anordnen solle. Was man sich gemeinhin wünscht, ist ein „überlegener Standpunkt", dank dessen man die Ordnung des Wissens „übersehen" könnte.[43] Aber dieser Traum stellt sich dann nach wenigen Reflexionsschritten als unmöglich heraus. Die Erkenntnislandschaft folgt nicht dem Ideal einer „Weltkarte". Die Territorien sind nicht wohlabgegrenzt und wohlgeordnet. Die einzig realistische Metaphorik wäre die eines unüberschaubaren Ozeans.

Wittgenstein hat diese Schraube der Distanznahme vom alten Überblicksideal noch einmal um eine Windung weitergedreht. Im Vorwort zu den *Philosophischen Untersuchungen* gibt er seiner Überzeugung Ausdruck, daß man keinen Grundriß der Rationalitätenwelt geben kann, weil sie keinen hat. Man müsse vielmehr höchst diverse Komplexe von Rationalität ins Auge fassen – mitsamt ihren Überschneidungen und Verwerfungen."[44]

Seitdem ist die moderne Rationalität durch einen Wechsel des Metaphernfeldes gekennzeichnet: weg von den territorialen Modellen hin zu Metaphern des Gewebes, des Netzes, des Rhizoms. Das Profil der Rationalität selbst ist unordentlich, unübersichtlich und schier chaotisch geworden. Rationalität – immer noch unser „Gott" – kann ohne Dekonstruktion nicht mehr gedacht werden.[45]

So viel zum weiten Feld der Dekonstruktion.

Anmerkungen

[1] Interessant auch, daß Goethe das philosophische Verfahren des Aristoteles als das eines Baumeisters begriff: „Aristoteles steht zu der Welt wie ein Mann, ein baumeisterlicher. [...] Er erkundigt sich nach dem Boden, bis er Grund findet, aber nicht weiter, als bis er Grund findet. [...] Er umzieht einen ungeheuren Grundkreis für sein Gebäude, schafft Materialien von allen Seiten her, ordnet sie, schichtet sie auf und steigt so in regelmäßiger Form pyramidenartig in die Höhe [...]." (Johann Wolfgang von Goethe, Schriften zur Farbenlehre, in: Gedenkausgabe, Bd. 16, Zürich 1964, 346 f.)
[2] Ludwig Wittgenstein, Vermischte Bemerkungen, Frankfurt a. M. 1977, S. 22
[3] Vgl. René Descartes: Discours de la Méthode – Von der Methode des richtigen Vernunftgebrauchs und der wissenschaftlichen Forschung, französisch-deutsche Ausgabe, übers. u. hrsg. v. Lüder Gäbe, Hamburg 1960, S. 18–23
[4] Vgl. Immanuel Kant; Prolegomena zu einer jeden künftigen Metaphysik, die als Wissenschaft wird auftreten können, A 5
[5] Immanuel Kant, Kritik der reinen Vernunft, B 735
[6] A.a.O. B 738
[7] Ludwig Wittgenstein, Vermischte Bemerkungen, Frankfurt a. M. 1987, S. 22

8 Ebd.
9 Ludwig Wittgenstein, Philosophische Untersuchungen, in: ders., Schriften 1, Frankfurt a. M. 1969, S. 344 (Nr. 118)
10 Ludwig Wittgenstein, Über Gewißheit, Frankfurt a. M. 1970, S. 69 (Nr. 248)
11 Jean-François Lyotard, Die Immaterialien. Manifest eines Projekts am Centre Georges Pompidou (Beaubourg); in: Das Abenteuer der Ideen. Architektur und Philosophie seit der Industriellen Revolution, Internationale Bauausstellung 1987, Berlin 1984, S. 184–194
12 Die grundsätzlichste Darstellung gab er in: Jacques Derrida, Grammatologie, Frankfurt a. M., 1974. Eine spezifische Anwendung auf Fragen der Architektur enthält Derridas Aufsatz „Am Nullpunkt der Verrücktheit – Jetzt die Architektur", in: Wege aus der Moderne. Schlüsseltexte der Postmoderne-Diskussion, hrsg. v. Wolfgang Welsch, Weinheim 1988, S. 215–232. Vgl. auch „Labyrinth und Archi/Textur. Ein Gespräch mit Jacques Derrida" (geführt von Eva Meyer), in: Das Abenteuer der Ideen, a.a.O., S. 95–106. – Vgl. allgemein zur Diskussion um die Dekonstruktion: Philip Johnson u. Mark Wigley; Dekonstruktivistische Architektur. Stuttgart 1988; Arch+, Heft 96/97, Nov./Dez. 1988; Andreas Papadakis, Dekonstruktivismus. Positionen – Projekte – Bauten, Stuttgart 1989
13 Schon Kant hatte seine Destruktion der überlieferten Metaphysik betrieben, um zur Konstruktion einer kritischen Philosophie zu gelangen, die mit einer neuen Architektur des Denkens verbunden war.
14 Jean-François Lyotard, Philosophie und Malerei im Zeitalter ihres Experimentierens, Berlin 1986 S. 97. – „Postmoderne n'est pas à prendre au sens de la périodisation." (Jean-François Lyotard und Jean-Loup Thébaud, Au juste, Paris 1979, S. 34)
15 Vgl. Robert Venturi, Komplexität und Widerspruch in der Architektur, hrsg. v. Heinrich Klotz, Braunschweig 1978 (Erstausgabe New York 1966), insbes. Kap. 10: „Die Verpflichtung auf das schwierige Ganze"
16 Vgl. Wolfgang Welsch, Unsere postmoderne Moderne, Weinheim 1987, Kap. IV: „Postmoderne für alle: Die postmoderne Architektur", S. 87–134
17 Philip Johnson u. Marc Wigley, Dekonstruktivistische Architektur, Stuttgart 1988, S. 11
18 Ebd.
19 Ebd.
20 A.a.O., S. 7
21 A.a.O., S. 12
22 A.a.O., S. 15
23 Adolf Max Vogt hat darauf hingewiesen, daß eine „Architektur der artikulierten Konflikte [...] in der Bewegung der Moderne lediglich im ersten Jahrzehnt stattfand, daß aber spätestens 1928 jegliche sichtbare Konfliktverarbeitung gekappt wurde zugunsten einer Architektur der Idealisierung und der voreiligen Hormonisierung", so daß fortan „jene Architekten, die weiterhin Konflikte gestalten wollten (anstatt sie zu verleugnen) kaum mehr auf Wirkung hoffen konnten" (Adolf Max Vogt: „Mit Dekonstruktion gegen Dekonstruktion"; in: Gert Kähler (Hrsg.), Dekonstruktion? Dekonstruktivismus? Aufbruch ins Chaos oder neues Bild der Welt? Braunschweig 1990, S. 50–78, hier S. 53)
24 Jacques Derrida; „Im Gespräch mit Christopher Norris", in: Andreas Papadakis (Hrsg.), Dekonstruktivismus. Eine Anthologie, Stuttgart 1989, S. 73–79, hier S. 74
25 A.a.O., S. 74
26 A.a.O., S. 75
27 A.a.O., S. 78

²⁸ Bernard Tschumi, „Parc de la Villette, Paris", in: Dekonstruktivismus. Eine Anthologie, a.a.O., S. 175-191, hier S. 181
²⁹ A.a.O., S. 175
³⁰ A.a.O., S. 180
³¹ Ebd.
³² Ebd.
³³ A.a.O., S. 176 bzw. 181
³⁴ Friedrich Nietzsche; „Ueber Wahrheit und Lüge im aussermoralischen Sinne"; in: ders., Sämtliche Werke. Kritische Studienausgabe in 15 Bänden, hrsg. von Giorgio Colli und Mazzino Montinari, München 1980, Bd. 1, S. 873-890, hier S. 882
³⁵ Otto Neurath, „Protokollsätze", in: Erkenntnis, Bd. 3, 1932/1933, S. 204-214, hier S. 206
³⁶ Er bildet das Motto von Word and Object, Cambridge, Massachusetts, 1960
³⁷ Karl Popper, „Die Logik der Sozialwissenschaften", in: Theodor W. Adorno u. a., Der Positivismusstreit in der deutschen Soziologie, Neuwied und Berlin 1969, S. 103-123, hier S. 103
³⁸ Gianni Vattimo, Jenseits vom Subjekt, Graz 1986, S. 34
³⁹ Richard Rorty, Kontingenz, Ironie und Solidarität, Frankfurt a. M. 1989, S. 99
⁴⁰ Vgl. Niklas Luhmann, Die Wissenschaft der Gesellschaft, Frankfurt a. M. 1990, S. 717
⁴¹ „[...] nous ne faisons que nous entregloser" (Michel de Montaigne, Essais, in: ders., Œuvres Complètes, Paris 1967, III. Buch, 13. Kapitel, S. 430)
⁴² Vgl. Wolfgang Welsch, Ästhetische Zeiten? Zwei Wege der Ästhetisierung, Saarbrücken 1992
⁴³ Jean Le Rond d'Alembert, Einleitung zur „Enzyklopädie", Frankfurt a. M. 1989, S. 46
⁴⁴ Vgl. Ludwig Wittgenstein, Philosophische Untersuchungen, a.a.O., S. 285 f.
⁴⁵ Vgl. Wolfgang Welsch, „Und sie bewegt uns doch. Vernunft nach ihrer Kritik", in: Universitas, 46. Jg., Heft 12/1991, S. 1130-1146

Im Sog der turbulenten Leere

Florian Rötzer

> „Die Ansässigkeit im Gängigen ist aber in sich das Nichtwaltenlassen der Verbergung des Verborgenen. Zwar gibt es auch im Gangbaren Rätsel, Unaufgeklärtes, Unentschiedenes, Fragliches. Aber diese ihrer selbst sicheren Fragen sind nur Durchgänge und Zwischenstellen für die Gänge im Gangbaren und deshalb nicht wesentlich. Wo die Verborgenheit des Seienden im Ganzen nur wie eine zuweilen sich meldende Grenze beider zugelassen wird, ist die Verbergung als Grundgeschehnis in der Vergessenheit versunken."
>
> *(Martin Heidegger)*

Im Gewimmel der Schablonen zur Kennzeichnung eines Neuen hat sich hinter der mittlerweile reichlich abgegriffenen Postmoderne und in Konkurrenz zu ihr ein anderer Begriff ausgeprägt, der nicht weniger schillernd und undeutlich bleibt als jene: die Dekonstruktion. Behaftet mit philosophischem Tiefsinn, der alle Register einer entfesselten Hermeneutik zieht und alles in endlose Zeichenketten ohne Anfang und Ende auflöst, stürzen sich nun auch Künstler und Kunstkritiker, allen voran die Architekten, auf dieses Label, das Neues verheißt. Eine neue Mode, ein neuer Stil, eine neue Kunst, eine neue Theorie, die aus der Erzeugung einer Leere entstehen? Einen Schub hat der Dekonstruktivismus in seiner Negation klassischer Ordnungsvorstellungen jedenfalls durch die Forschungen der Chaoswissenschaft erhalten, in der das Unbestimmte, Dezentrierte, Unvorhersehbare und Regelwidrige in den dynamischen Prozessen komplexer Systeme betont wird, die sich dennoch als deterministisch und so als erzeugbar erweisen: ein falsches Chaos also. Der amerikanische Kunstkritiker Geoff Bennington bringt die Essenz des neuen Begriffs, der anders als alles andere sein will, auf den Punkt, wenn er sagt: „Dekonstruktivismus ist nicht das, was Sie denken." Aber was ist er dann?

Nach dem postmodernen Rausch an Symbolen, Allegorien und Ornamenten war es naheliegend, daß wieder eine Wende zum Konstruktiven eintreten und so auch ein neuer Bezug zur modernen Architektur hergestellt würde. Die Vertreter dekonstruktiver Architektur wie Peter Eisenman, Bernard Tschumi, Frank Gehry, Zaha Hadid, Coop Himmelblau oder Daniel Libeskind bekunden denn auch ihr Interesse an der Künstlergruppe De Stijl und den russischen Konstruktivisten, nur daß dabei der Kontext, die Verbindung von künstlerischer und sozialer Konstruktion, abgeschnitten und die konstruktivistische Ordnung verfremdet wird. Charles Jencks, der Verfechter der Postmoderne im Zeichen des Klassizismus, bezeichnet die Dekonstruktivisten denn auch lediglich als spätmoderne Neokonstruktivisten.

Eine für den Erwartungshorizont paradigmatische Anthologie[1] über Theorie und Praxis des Dekonstruktivismus in Kunst und Architektur zeigt vor allem das Verwirrende, oft auch bemüht Manieristische und manchmal sich schlicht ins Unverständliche verirrende Kauderwelsch dieser Richtung, die sich gedanklich vor allem dadurch auszeichnet, immerfort sagen zu müssen, was Dekonstruktivismus nicht ist und daß er zugleich an die Fundamente unserer westlichen Kultur geht. Die dekonstruktivistische Ästhetik der Implosion oder die Logik des Zerfalls bzw. der Übereinanderlagerung des Heterogenen kommt allerdings in den Architekturzeichnungen von virtuellen Räumen deutlicher zum Ausdruck als in den tatsächlich gebauten Häusern oder Anlagen, die meist nur die konstruktivistische Ästhetik radikalisieren oder verzerren. In Zaha Hadids Entwurf einer „explodierten Isometrie", ausgeführt anläßlich des Wettbewerbs für den Peak Club in Hongkong, wurde sie geradezu paradigmatisch als architekturale Imagination umgesetzt. Die Gebäudeanlage verschmilzt mit der chaotischen Felsenlandschaft zu einer neuen „Geologie", die die Natur durch Konstruktionen weiterführt. Drei lineare Träger, die in verschiedenen Winkeln übereinander angeordnet sind und eine explosive Dynamik zum Ausdruck bringen, dienen unterschiedlichen Funktionen und lassen für Freilufteinrichtungen benutzbare leere Räume entstehen. Vorbild für diese dynamische Architektur, die Instabilität vermittelt, sind ganz offensichtlich der Suprematismus von Malewitch und die Prounen von El Lissitzky.

Die von Andreas Papadakis herausgegebene Anthologie wird, wie sollte es bei einem Nicht-Programm auch anders sein, jeden verzweifeln lassen, der nach kritischen oder überhaupt nur einigermaßen konsistenten Orientierungen sucht, was über die versammelten Texte, Bilder, Gespräche und Architekturen hinweg das Gemeinsame wäre, das tatsächlich den Begriff Dekonstruktivismus als Label rechtfertigen würde. Da alles und nichts dekonstruktivistisch befragt werden kann, erschöpft sich der gleichsam angewandte Dekonstruktivismus vor allem in Parolen und freischwebenden Wortakrobatiken. Auffällig sind der Ernst und der Pathos, mit der die assoziationsreichen Denkwindungen vorgetragen werden, die eigentlich eher einem spielerischen Witz oder einer ironischen Hermeneutik entsprechen würden. In seiner äußerst knappen Einleitung

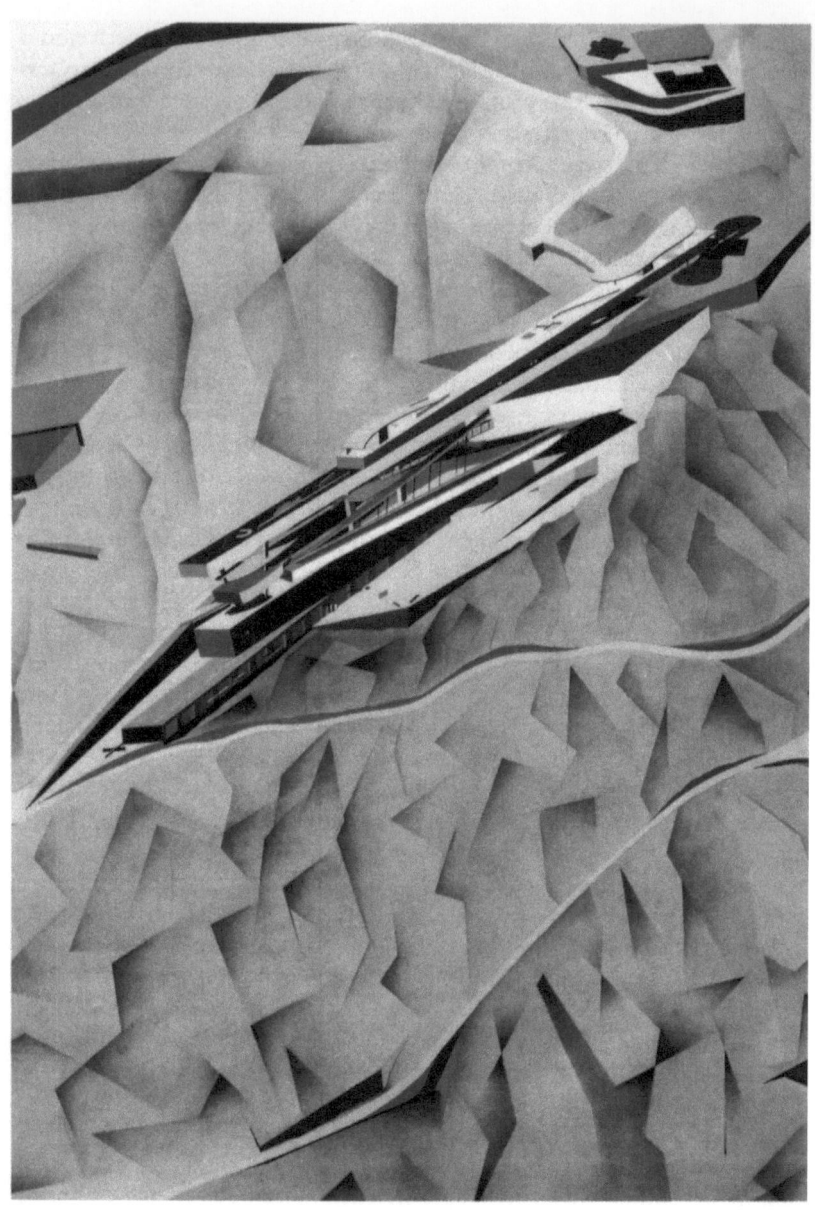

19 Z. Hadid: WBW „The Peak", Hongkong (1982)

erwähnt der Herausgeber, daß der Dekonstruktivismus „für Unruhe auf der Ebene der Bedeutung" sorge und durch seine Intention der Hinterfragung von Bedeutung eine Definition seiner selbst hinauszögere. Ist dann aber jede Hinterfragung schon dekonstruktivistisch?

Liegt die Verbindung von Dekonstruktivismus und Architektur noch nahe, so wird etwa die Bestimmung einer dekonstruktivistischen Malerei schon schwieriger und nebulöser. Obgleich der dekonstruktivistische Meisterdenker Jacques Derrida in seinem Buch über die Wahrheit in der Malerei[2] sich mit Kants ästhetischer Theorie, insbesondere dem Begriff des Erhabenen und Kolossalischen, mit Valerio Adami, Gerard Titus-Carmel und Heideggers bekannter Interpretation eines von van Goghs Schuhbildern auseinandergesetzt hat, fällt hier nur nebenbei der Begriff der Dekonstruktion. Auch wenn Derrida den Eindruck erweckt, es ginge um die Malerei und die Art der Wahrheit, die ihr entspricht, verlieren sich die Texte in der Deutung von einzelnen Positionen. So wird es zum Problem, ob es sich bei van Goghs Schuhen tatsächlich um ein Paar handelt, wie Heidegger selbstverständlich behauptete, ob die Schuhe einem Städter oder einem Bauern gehören, ob van Gogh seine Schuhe oder sich in seinen Schuhen dargestellt hat, ob sich Heidegger überhaupt auf ein bestimmtes Schuhbild von van Gogh bezieht und welcher Art diese Referenz auf ein Kunstwerk ist, der es nicht um dieses Bild, sondern um die Wahrheit des Zeugseins geht. Im Mittelpunkt steht also die Frage, was Bezugnahme bzw. Zeigen, Repräsentieren oder Präsentieren in der Malerei wäre. Aber sie wird nicht von der Malerei angegangen, sondern von vorliegenden Deutungen des Bildes, und sie wird natürlich nicht beantwortet. Klar wird nur, daß die dekonstruktivistische Tätigkeit sich irgendwie „zwischen dem Äußeren und dem Inneren, zwischen dem externen und internen Rahmen, dem Einrahmenden und dem Eingerahmten, der Figur und dem Grund, der Form und dem Inhalt, dem Signifikanten und dem Signifikat" bewegt, also mehr oder weniger zwischen allen möglichen Gegensätzen. Wenn Derrida den Begriff des Passepartouts als Emblem dafür benützt, weil er in der leeren Mitte seines Rahmens das Werk, das Bild, die Figur, die Farbe etc. erscheinen läßt und so ein ‚Es gibt' präsentiert, dann folgt gleich der typische dekonstruktivistische Schachzug, daß er in seinem Text keinen allgemeinen Schlüssel bereitstelle, der alles öffnet und entbirgt. Das Gemeinsame, der gemeinsame Zug (trait) aller Gänge sei vielmehr die Umkreisung des Gemeinsamen, des Rahmens, des Zugs, auch wenn es niemals einen gemeinsamen noch einen gibt – „mit und ohne ihn selbst", wie Derrida dunkel anmerkt. Das, was wie ein Zug oder ein Riß die Differenz von Gegensätzen eröffnet, erscheint niemals selbst, weil es die Differenz markiert. Es beginnt vielmehr, indem es verschwindet, und hinterläßt beim Eröffnen des durch Oppositionen markierten Raums, also bei einem allem vorausgehenden Prozeß der Verräumlichung, die die Dekonstruktion nachzieht, eine Spur, ohne einen Ursprung zu haben.

In seinem Text über Artauds Zeichnungen[3] wird vielleicht deutlicher, daß es Derrida insgeheim um eine Variation der transzendentalen Frage nach den Bedingungen der Möglichkeit von „x" geht, wenn hier thematisiert wird, was der Malerei diesseits jeder Repräsentation und jeder Bedeutung zugrunde liegt oder darunter geworfen ist. Etwas erscheint, indem etwas anderes, das Projektil, verschwindet, übermalt oder markiert wird. Auch hier ist der Auslöser ein Wortspiel zwischen dem von Artaud gebrauchten Begriff des Projektils (des materiellen Trägers eines Bildes) und dem des Subjekts als des zugrunde Liegenden, das etwas trägt und zur Erscheinung bringt. Auch hier geht es darum, daß etwas dem Zu- und Begriff entwischt, nicht hier oder dort ist, sondern sich in einem undefinierbaren Dazwischen befindet: „Das Subjektil: selber zwischen zwei Orten. Für es gibt es zwei Positionen. Als Träger einer Repräsentation ist es das Subjekt in ‚jiziertem', ausgebreitetem, liegendem, trägem, neutralem Zustand. Doch wenn es nicht so zurückfällt, wenn man es nicht diesem Verfall oder dieser Dejektion überläßt, ist es noch an sich selbst von Interesse und nicht aufgrund der Repräsentation, nicht aufgrund dessen, was es repräsentiert, oder aufgrund der Repräsentation, die es trägt. Es wird dann auf andere Weise behandelt: als das, was am Schwung des Schleuderns oder des Werfens teilhat, aber auch – und gerade deswegen – als das, was es zu durchdringen, zu durchbohren, aufzuschlitzen gilt, um mit dem Bildschirm Schluß zu machen, das heißt, Schluß zu machen mit dem trägen Träger der Repräsentation.[4]"

Läßt sich aber aus den Überlegungen Derridas, die schon durch ihre fragmentarische und nicht auf eine Theorie hin ausgerichtete Form jede Verallgemeinerung vermeiden, zumindest aber vermeiden wollen, mehr herausholen, als daß es eine frei schwebende Manier dekonstruktivistischen Nachfragens gibt, die überall auf das Unbestimmte des Dazwischen stößt? Läßt sich daraus eine dekonstruktivistische Malerei im Unterschied zu einer anderen Malerei ziehen? Wäre das nicht lediglich eine Frage der Interpretation, die sich – ganz im Sinne des Dekonstruktivismus – von jeder Referenz abnabelt und nur mit vertauschbaren Zeichen, hier also Bildern, spielt?

In der Anthologie jedenfalls, die suggeriert, es gebe dekonstruktivistische Arbeiten, steht beispielsweise Anselm Kiefer neben Valerio Adami oder Francis Bacon neben David Salle. Adami stelle, so die „klärenden" Worte des Herausgebers, visuelle und textliche Elemente zur „Überprüfung der Wertstrukturen" bewußt nebeneinander, und Kiefer erkunde die Möglichkeiten des Rahmens, was ja, belegt durch Äußerungen Derridas, dekonstruktivistisch ist.

Ist der Begriff des Dekonstruktivismus schon in seiner philosophischen und literaturkritischen Bedeutung unklar, so scheint sich das bei der Übertragung auf die Kunst noch zu verstärken. Kunsttheoretiker sind bekanntlich besonders anfällig für unverdautes und unverdauliches Aufschnappen von Begriffen und theoretischen Kontexten. So bekundet Paul Crowther, daß bereits ein großer Teil der neueren Kunst dekonstruktivistisch sei:

„All die Künstler dekonstruieren die Annahmen über persönliche Stile und Gattungen, die sich in Etiketten wie realistisch, expressionistisch und ähnlichem niederschlagen. ‚Kunst' wird als ein Spiel der différance angesehen. Es ist ein Gefühl dieser Komplexität, dieser gewaltigen Gesamtheit ‚Kunst', ihre Vergangenheit und ihre mögliche Zukunft, ihr Überschneiden mit anderen Diskursen, das sich uns mit diesen Werken aufdrängt.[5]"

Nur gut, daß die Dekonstruktion der Etiketten gleichzeitig dazu dient, eine neue aufzubauen. Jetzt besteht sie aus der Versicherung der Unsicherheit und Unbestimmtheit. Zur Verunklärung trägt denn auch John Griffiths bei, der, was ja naheliegt, zumindest im Titel seines Aufsatzes den Dekonstruktivismus dekonstruiert: „Dekonstruktivistische Werke sind verwirrend, bilderstürmerisch, respektlos, subversiv aus Selbstgefälligkeit, eklektisch, geben Interesse an der herrschenden Ordnung vor, finden sich mit mehreren Arten ab, sind ortskundig, apolitisch politisch, trauen keinem, nichts, nicht einmal sich selbst, erklären alle multinationalen Bemühungen für verbrecherisch, während sie das solipsistische Individuum schlechtmachen, benutzen, nur um sie zu zerstören, die Bilder der elektronischen und früheren technologischen Jahrzehnte.[6]" Damit ist alles gesagt und ein weiterer Rauschpegel der Sprache erreicht.

Hören wir aber den Meister Jacques Derrida selbst, der in einem „Brief an einen japanischen Freund" das Schwebende des Dekonstruktivismus betont, weil er zwischen allem stehe und sich daher jeder Bestimmung entziehe: „Trotz des äußeren Anscheins ist Dekonstruktivismus weder eine Analyse noch eine Kritik. Er ist vor allem deshalb keine Analyse, weil das Demontieren einer Struktur nicht die Rückkehr zum einfachen Element, zu einem unzerlegbaren Ursprung ist. Und er ist auch keine Kritik. Das gleiche sage ich für Methode. Dekonstruktivismus ist keine Methode und kann auch nicht in eine Methode umgewandelt werden.[7]" So mag man sich wundern, was dieser Begriff denn als Programm enthält und wie sich dekonstruktivistische Schulen erklären lassen.

Der amerikanische Philosoph Richard Rorty, der auf dem Hintergrund des Pragmatismus eine Dekonstruktion jeder Form von Wahrheit, Repräsentation oder Bezugnahme auf Wirkliches im Hinblick auf eine poetische oder bildende Philosophie durchführt, entdeckt in Derrida übrigens einen Schriftsteller, dem es wesentlich um Originalität gehe und bei dem die Frage sinnlos sei, ob es sich hier um eine Theorie, um eine Philosophie oder um Literatur handle. Man müsse also auch die Vorstellung aufgeben, er habe eine Methode der Dekonstruktion entwickelt, die zeigt, wie man Oppositionspaare öffnen könne, zumal Dekonstruktion kein neuartiges Verfahren ist, sondern immer schon in der Philosophie praktiziert worden sei: „Texte dekonstruieren lernt man auf dieselbe Weise, wie man Sexualsymbole, bourgeoise Ideologie oder siebenerlei Ambiguitäten in Texten entdecken kann; man lernt es wie Fahrradfahren oder Flötespielen. Manche Menschen haben eine Begabung dafür, andere werden sich immer ungeschickt dabei anstellen.[8]"

Derridas späte Texte haben für Rorty selbst keinen Sinn oder keine Bedeutung, abgesehen davon, daß hier ein Autor eine neue Sprache schafft und dadurch das Beispiel einer „Selbstschaffung" vorführt. Derrida also als ein Genie, das sich in origineller Weise durch Sprachschöpfungen verwirklicht, ohne dadurch aber einer Wahrheit näherzukommen. Eher ein Dichter als ein Denker, eher ein Künstler als ein analytisch vorgehender Philosoph. Seine assoziationsgeladenen Texte ergeben weder ein Programm noch begründen sie etwas oder widerlegen eine Position, da er die Theorie einfach „zugunsten des freien Phantasierens über seine Vorgänger, zugunsten des spielerischen Umgangs mit ihnen ersetzt; er läßt den Assoziationen, die sie hervorrufen, die Zügel schießen. Eine Moral haben diese Phantasien nicht; Gemeinnutz (sei er pädagogisch oder politisch) läßt sich aus ihnen nicht ziehen; aber für Derridas Leser sind sie möglicherweise trotzdem beispielhaft – Anregungen für Dinge ganz neuer Art, die man tun könnte, die bisher kaum jemand getan hat.[9]"

Auch wenn Derrida sich nicht festlegen lassen will, so hat er doch den Anspruch, wesentliche Einsichten zu vermitteln und nicht bloß, wie

Rorty ihn stilisiert, ein Künstlerphilosoph zu sein, der originell ist. Nicht umsonst ist sein Denken beherrscht von der Wahrheit, auch wenn sie verborgen ist und unzugänglich bleibt. Bis vor kurzem, als ihn schließlich die dekonstruktive Architektur durch Peter Eisenman und Bernard Tschumi zu einem positiveren Verständnis herausforderte, hat Derrida die dekonstruktive Tätigkeit wesentlich in die Entzugsrituale einer negativen Theologie eingehüllt. Dekonstruktivismus glich einer elitären Geheimwissenschaft, die weder wirklich gelernt noch gelehrt werden kann, weil sie an den Rändern aller Diskurse arbeitet und offenbar von genialischen Menschen betrieben wird, die das undurchschaute Funktionieren eines jeden Systems auf seiner instabilen Grundlage aufdecken. Obgleich die Dekonstruktion so den Bezug zu jeder Variante eines Absoluten, also auch zum Sein Heideggers, aufgegeben und Derrida sie vorwiegend subversiv als Untergrabung jeder Autorität und jeden Reichs verstanden hat, wurde von ihm ein entscheidendes Moment von Heideggers Denken nach der Kehre beibehalten: die Ausrichtung auf das Ereignis, das vor allem Denken komme, das das Denken zu hüten habe und das es als den Eintritt eines ganz Anderen ermöglichen oder vorbereiten soll. Auch die Dekonstruktion selbst wird weder als Akt noch als Operation verstanden, sondern als das Geschick eines Ereignisses, das sich jeder Repräsentation entzieht und nur als uneinholbare Bewegung der Differenz dargestellt werden kann:

„Dekonstruktivismus findet statt, er ist ein Ereignis, das nicht auf die Überlegung, das Bewußtsein oder die Organisation eines Subjekts oder gar des Modernen wartet.[10]" Dabei verschmilzt sie mit dem von ihm Dekonstruierten, denn sie bewohnt, so Derrida, eben jene Strukturen, die sie, gleich einem Virus, der sich in ein Programm schleicht, zu öffnen sucht.

Versteckt hinter der Kritik an der „Sehnsucht nach Totalität" oder an der Metaphysik der Präsenz, ist das Ereignis nur ein neuer Name für das Undarstellbare, das seit jeher mit dem Absoluten eins war. Schon die Romantik wandte sich bekanntlich von der Philosophie zur Poesie oder zur Kunst, wie heute die Dekonstruktivisten in der Nachfolge Heideggers, weil das Unendliche sich einzig im Chaos als dem Prinzip der höchsten Mannigfaltigkeit zeige. Auch das Programm der Romantisierung der Welt war geprägt von einer Zersprengung des Ganzen in ein heterogenes Gewimmel von Fragmenten und Ruinen, das eine unabschließbare Assoziationskette im „Labyrinth der Unendlichkeit" ermöglicht und das Absolute nur als „Ahndung" durchschimmern läßt. Weil das Absolute, so

Friedrich Schlegel, nicht mit einem „einzigen Blick" zu erfassen ist, werden Verworrenheit, Charakterlosigkeit, Widersprüchlichkeit, Beweglichkeit, Metaphernketten oder Fragmentarisches zu angemessenen Ausdrucksformen des Schwebens und Umherschweifens, die der rationalen Klarheit, Deutlichkeit und Übersichtlichkeit entgegengesetzt werden. Der Dekonstruktivismus ist mithin ein Nachfolger der frühen Romantik, und auch er wartet auf den kommenden Gott, „auf eine unaufhaltsam kommende Welt" (Derrida), während in der Ausständigkeit des Ereignisses das Entgleiten des Ursprungs, die Verfehlung des Ganzen oder das Umherirren im zerstreuten Labyrinth des Sinns demonstriert wird, der sich permanent verzweigt und disseminiert: „Man dekonstruiert nicht die Superstrukturen mit dem Ziel, am Ende auf den Grund, auf den ursprünglichen Boden, auf die unterste Grundlage einer Architektur oder eines Denkens der Architektur zu stoßen. Man betreibt keine Rückkehr zu einer Reinheit oder zu einer Eigentlichkeit. Man benimmt sich des Schemas des Grundlegenden und der Oppositionen, die es induziert.[11]" Man zielt vielmehr auf neue „Würfe" oder neue „-jekte (Projekte, Objekte, Subjekte)", die ins noch Unbekannte weisen.

In ganz ähnliche Richtung zielt übrigens Lyotards Thematisierung des Erhabenen. Erhaben ist für ihn letztlich, was unkonsumierbar ist und sich der Bedeutung und dem Sinn entzieht. In diesem Sinne versteht er wirkliches Denken als die Bereitschaft, Ereignisse zu empfangen, wobei es nicht darum geht, was etwas ist, sondern daß etwas ist: „Nur die Fähigkeit, das zu empfangen, was zu denken das Denken nicht vorbereitet ist, verdient, Denken genannt zu werden. [...] Denken heißt, alles in Frage zu stellen – auch das Denken, die Frage und den Prozeß. Nun verlangt das Infragestellen aber, daß etwas geschieht, dessen Grund noch nicht bekannt ist. Wenn man denkt, akzeptiert man das Vorkommnis als etwas, was es ist, nämlich als ‚noch nicht' bestimmt. Kein Vorurteil, keine Sicherheit. Man streift in der Wüste umher.[12]" Schreiben, Malen oder Denken sind solche Formen des „Kommen-Lassens", „Lichtungen", in die etwas eindringen kann, ohne dargestellt oder darstellbar zu sein. Das „Ereignis-Werk", um das die avantgardistischen Künstler kreisten, bestünde darin, eine Präsenz zu geben, ohne auf die Mittel die Darstellung und damit auch der Bezugnahme zu rekurrieren. Dabei geht es nicht mehr um eine paradoxe Darstellung, sondern um die Präsenz eines Ereignisses, das nicht mehr konstruiert werden kann, um die Empfänglichkeit etwa für Farbnuancen oder Klangtimbres, die sich miteinander assoziieren, über die man aber nicht „Herr" werden kann.

Ist dann der Dekonstruktivist Derridas oder der Denker des Erhabenen Lyotards dem Philosophen Heideggers gleich, der das Sein hütet? Muß man nicht eigentlich, wenn man das im Numinosen bleibende Ereignis zum Erscheinen verführen will, nicht dennoch wissen, was es ist, um trotz aller Empfänglichkeit von dessen Eintritt oder Kommen zeugen zu können? Für Lyotard jedenfalls steht die pure Empfänglichkeit des Denkers im Vordergrund: „Es wäre vermessen, ja es wäre ein Verbrechen von seiten eines Denkers oder Schriftstellers, wenn er sich als Zeuge oder Garant des Ereignisses ausgäbe. Das soll heißen, daß keineswegs die Entität – was auch immer sie sein mag –, die behauptet, mit dieser Empfänglichkeit für das Ereignis betraut zu sein, Zeugnis ablegt, sondern das Ereignis ‚selbst'.[13]"

Lyotard gibt keine Hinweise darauf, wie ein Denker, der ja auch etwas macht, sich in die Situation bringt, etwas geschehen zu lassen, was diesseits aller Konstruktion steht. Allerdings ist für ihn etwa Barnett Newman ein Maler des erhabenen Ereignisses, des Augenblicks, daß da etwas ist. Mit seinen abstrakten Bildern stellt er nichts dar, vor allem erzählt er nicht irgendein Ereignis. Es gehe ihm darum, so Lyotard, mit der Farbe, der Linie und dem Rhythmus eine Präsenz zu schaffen. Aber wenn Newman Bilder malt, dann ist er nicht nur empfangend, sondern er erzeugt vielleicht eine bildliche Situation, durch die das Empfangen eines visuellen Ereignisses in all seiner Unbestimmtheit und Unvordenklichkeit möglich wird.

Ähnlich ist der Fall in Derridas Dekonstruktion gelagert. Neuerdings konfrontiert mit dem Programm einer dekonstruktiven Architektur, also mit einer Konstruktion und Planung der Dekonstruktion, die selber sich verräumlicht, muß der Bezug zu Vorgegebenem verändert werden. Dekonstruktion öffnet nicht mehr nur Systeme durch Subversion, sie muß als eine „Architektur des Ereignisses" selbst eine Öffnung für das ins Werk setzen, was kommt, ohne vorgeplant zu sein und ohne es vorneweg zu bestimmen: eine „nicht-repräsentationelle Architektur". Da man für Derrida nicht neu auf dem Nullpunkt beginnen kann, ohne nicht gleich wieder dialektisch in der Tretmühle von Oppositionen und Hierarchien gefangen zu werden, sondern man in die Welt ebenso wie in die Sprache oder die Tradition der Architektur „geworfen" ist, muß man diese vorgefundenen Gehäuse bewohnen. Weil die Architektur, auch als Prinzip der Organisation oder der gesellschaftlichen Ordnung, insbesondere mit dem Fundament verbunden ist, ist sie für Derrida immer eine Materialisierung der Hierarchie: „Als zentrierte, hierarchisierte wird die zur Architektur gehörende Organisation sich der Anamnese des Ursprungs und der Schicht eines Grundes zugeordnet haben müssen. Nicht allein von ihrer Fundierung auf dem Erdboden her, sondern von ihrem politisch-juridischen Fundament her, der Institution, die die Mythen der Stadt, die Gründerhelden oder -götter ins Gedächtnis ruft. Als religiöses oder politisches Gedächtnis hat dieser Historizismus – allem Anschein zum Trotz – die moderne Architektur nicht verlassen. Letztere bewahrt die Nostalgie, sie ist Bewahrerin durch Bestimmung. Die Architektur wird die Hierarchie im Stein oder im Holz (hyle) materialisiert haben, es ist eine Hyletik des Heiligen (hieros) und des Prinzips (arche), eine Archi-Hieratik. Diese Ökonomie bleibt notwendigerweise eine Teleologie der Wohnstatt. Sie pflichtet allen herrschenden Formen der Zweckmäßigkeit bei. Politisch-ethische Zweckmäßigkeit, religiöser Dienst, nützliche oder funktionelle Zweckausrichtung, immer handelt es sich darum, die Architektur in Betrieb und in Dienst zu nehmen. Dieser Endzweck ist das Prinzip der archi-hieratischen Ordnung.[14]"

Die Tätigkeit des Dekonstruierens hieße also nach dieser metapherntrunkenen und in metaphysischen Tiefen schwelgenden Auskunft, die Ausrichtung auf Zwecke zu unterbrechen und die Architektur zu befreien, ohne sie verlassen zu können. Die Aufkündigung der Darstellung von Funktionen, des „Symbolismus der Funktion" (Peter Eisenman) scheint daher eine entscheidende Achse der dekonstruktivistischen Architektur zu sein, auch wenn Derrida betont, daß es um eine andere Art des Bauens gehe, in der Funktionen oder Werte eine neue Bedeutung erlangen sollen: dekonstruktiv also, aber bloß nicht destruktiv oder nihilistisch, sondern prophetisch auf ein Neues und Anderes verweisend. Der Dekonstrukteur ist der Hüter an der Schwelle zum unvordenklichen Kommenden. Aber da das Gehäuse der Architektur ebenso wie das der Sprache gemäß der dekonstruktivistischen Befragung ohne Anfang und Ende ist, sich jeder Ursprung und jeder Abschluß in der differance verläuft, muß das Bewohnen in ein ständiges Unterwegssein verwandelt werden, in ein permanentes Umschreiben oder Umbauen, in ein Gewahrwerden der Heideggerschen Heimatlosigkeit, in der der Mensch umherirrt. Der Umweg wird zur Attraktion, das Aufhalten der Geschichte, die Ausweglosigkeit des Labyrinths, in die das Ereignis so unbestimmt wie der Gott bei Heidegger in die dem Gestell preisgegebene Welt einfallen soll. Dekonstruktivismus ist, so Derrida, vor allem ein „Versprechen", das einen „neuen Typ von Vielfalt" im Verweis auf das Andere, das unbestimmt bleiben muß, hervorbringen will und daher mit vielen Stimmen sprechen muß. Nach dem Universalismus also das Modell Babel: „Es gibt ein formloses Begehren nach einer anderen Form. Das Begehren nach einem neuen Ort, neuen Passagen, neuen Gängen, nach einer neuen Art zu wohnen, zu denken.[15]"

Das Versprechen ist groß. Eingeschrieben darin ist die betonte Furchtlosigkeit der Dekonstruktivisten, die sich dem Schwindel überlassen, wenn die Grundlagen weggezogen werden. Immer wieder betont Jacques Derrida so, daß Dekonstruktion einhergeht mit einem Abenteuer, einem Wagnis.

Der Angriff auf die Ordnungs- und Funktionsvorstellungen, die mit der Architektur verbunden sind, setzt tatsächlich geistesgeschichtlich tief an. Konstruktion ist die transparente und nach Regeln vollzogene Erzeugung von komplexen Gebilden aus einfachen Teilen mit allen Möglichkeiten der Variation, Replikation und Generierung von Sequenzen. Konstruktion, die Tätigkeit des Geometers und Mechanikers als eines Theoretikers und Technikers, ist verwoben mit der Architektonik: mit einem exakten Wissen und einer Technik auf der Grundlage von Mathematik und Geometrie. Das Modell geht der Ausführung voran. Die Künstler- und Handwerker-Ingenieure der Renaissance standen am Anfang der Entwicklung eines konstruktiven Erkenntnisbegriffs, bei dem die Praxis durch Theorie geleitet wurde. Und der Architekt war ein Vorbild für die Integration vieler Künste in ein Gesamtkunstwerk, das aus der Berechnung und Messung hervorging, denn auch die Maler, Bildhauer, Schreiner, Steinmetze oder Goldschmiede verfuhren nach dem Maßstab, daß ohne Wissenschaft ihre Kunst nicht vollkommen werden könnte.

Mit der Metapher der Architektonik hat sich letztlich auch die Idee des Systems durchgesetzt, das die Neuzeit seit Descartes als philosophisches Ziel eines methodisch geleiteten Weges zum Aufbau eines umfassenden Wissens beherrscht hatte. Dessen Leitbild von Ordnung ist der Baum, der sich, von seinem Ursprung ausgehend, in immer speziellere Teilbereiche kontinuierlich verzweigt. So wie Gott der Architekt des Universums ist, ist der Philosoph der Architekt des Systems der Erkenntnis, das er nach rationalen Prinzipien konstruiert. Metaphysik ist eben, wie beispielsweise Immanuel Kant sagte, die „Kunst der Systeme", geleitet durch die Idee der Einheit, durch die sich das gegliederte und gegenseitig sich stützende Ganze durchgängig konstruieren läßt und von dem her es seine Bedeutung erhält. Die architektonische Metapher ist schon dem Wortsinn nach geprägt vom Prinzip des Ursprungs, des Anfangs oder des Fundaments, von dem alles abgeleitet oder von dem eine Stadt oder ein Gebäude mit seinen abgegrenzten Untereinheiten getragen wird. Ein architektonisches System ist vor allem durch die Verräumlichung gekennzeichnet, also durch eine Verteilung der Systemelemente im Raum, die nur über bestimmte Wege miteinander verbunden sind und Eingänge bzw. Ausgänge besitzen. Es stellt gewissermaßen ein codiertes Programm von möglichen Bewegungen dar und schließt andere aus. Zugleich ist Architektonik auch verbunden mit dem Plan, mit dem das Gebäude entworfen wurde oder mit dem man sich in ihm orientieren kann, insofern er es repräsentiert.

Gegenüber der modernen Variante einer solchen Theorie mit umfassendem Erklärungsanspruch, dem Strukturalismus vor allem in der Sprachtheorie und der Ethnologie, wurde der Begriff Dekonstruktion zuerst von seinem Erfinder Jacques Derrida geprägt – in Abgrenzung zu jener Destruktion, der Heidegger die Geschichte der Ontologie und der Metaphysik aussetzen wollte. Übrigens hatte sich Heidegger ebenso wie jetzt Derrida dagegen verwahrt, daß die Destruktion nur negativ sei, da sie ja eine „positive Absicht" habe, nämlich auf jene „ursprünglichen Erfahrungen" hinzuweisen, die im Zuge der Geschichte verdeckt wurden. Der Strukturalismus ging davon aus, daß jedes Element eines Systems einzig durch seine Stellung in ihm definiert wird, was auch heißt, daß das System geschlossen ist, es seine Bedeutungen lediglich durch Differenzen emergieren läßt. Dekonstruktion wird von Derrida hingegen so verstanden, daß sie im Nachvollzug von Systemen deren Risse aufzeigt und auf die Spuren hinweist, die von der Präsenz von etwas zeugen, in das es nicht integriert werden kann. Es geht dem Dekonstruktivismus also um die Öffnung von Systemen, um die Verunsicherung ihrer Begründungen und Abschlüsse, um die blinden Flecken in ihren grundlegenden Oppositionsbegriffen, um die Herstellung eines anderen Raums durch die Vervielfältigung von Perspektiven und durch die Demonstration der Unmöglichkeit einer einzigen Perspektive, durch die alles beherrscht werden kann. Lapidar sprechen Systemtheoretiker dasselbe an, wenn sie davon ausgehen, daß etwa der Beobachter Kognitionen durch Unterschiede erzeugt, wobei er nur immer die eine Seite sieht. Die Einheit der Welt, die durch die Operation der Unterscheidung und Bezeichnung verletzt wird, bleibt der blinde Fleck aller Beobachtungen, also das, was man nicht sehen kann, was unzugänglich ist. Nun lassen sich zwar durch ein Beobachten zweiter Ordnung, d. h., durch ein Beobachten des Beobachters auch Bereiche desjenigen thematisieren, was der erste Beobachter nicht sieht, doch weil auch hier mit Unterscheidungen gearbeitet wird, ist ein direkter Zugang zur Welt, zum Ursprung der Differenz, nicht möglich. Durch das Ineinanderverschachteln von Beobachtungen kommt es also gleichfalls zu einer Vervielfältigung, aber nicht zu einem Ganzen.

Wie aber sieht nun der andere Raum der dekonstruktivistischen Tätigkeit mit seinen vielfältigen Perspektiven und Schichten als gebautes Werk aus, das für Derrida einer Architektur des Ereignisses entspräche und wesentlich unbestimmt sein soll?

Bernard Tschumi, neben Peter Eisenman einer der bekanntesten Architekten, die sich dem Dekonstruktivismus verpflichtet fühlen, hat mit dem Bau für einen „Park des 21. Jahrhunderts" Furore gemacht. Sein preisgekrönter Gesamtplan für den Parc de la Villette im Norden von Paris enthält 30 „Folies", also Verrücktheiten, was schon programmatisch den Gegensatz zu den klassischen Vernunftidealen der Ordnung, Einheit und Harmonie herausstellt. Derrida sagt, daß dieser Titel schon deswegen gut gewählt sei, weil es der Dekonstruktion nicht um das Andere der Vernunft gehe, sondern um all das, was den Sinn zerrüttet, ohne wieder Sinn zu generieren. Implosionen lassen Strukturen in Verrücktheiten zerfallen, aber diese Verrücktheiten zerstören nicht, sie führen nicht in ein Chaos, sondern siedeln, wie sich Derrida, unbestimmt wie immer, ausdrückt, die Architektur „anderswo" an, ohne eine „neue Ordnung vorzuschlagen". Anderswo, das meint einen Ort, der nicht mehr von äußeren Ansprüchen geregelt wird, wie das der „metaphysische Rahmen" der Architektur erfordert. Aber nicht eine Negation der Zwecke, denen Architektur unterstellt wurde, nicht eine „unästhetische, unbewohnbare, unnütze, asymbolische und bedeutungslose Architektur" ist das Ziel, sondern eine Architektur, die sich diese Funktionen unterordnet und die mehr ist. Derrida spricht von einem Vergnügen, das jede Verrücktheit erlaubt, die für einen Gebrauch bestimmt ist. Schwebend also muß Architektur sein, weder dies noch das; aber was sie ist, das bleibt dunkel: „Weder Architektur noch Anarchitektur: Transarchitektur! Sie setzt sich mit dem Ereignis auseinander, sie bietet ihr Werk nicht Benutzern, Getreuen oder Bewohnern, Betrachtern, Ästheten oder Verbrauchern an, sie beruft sich auf das andere, damit es seinerseits das Ereignis, Zeichen, Pfandzeichen oder Gegenzeichen erfindet: Sie ist um die Avance avanciert, die sie dem anderen macht.[16]"

Die „Folies" sind ganz unterschiedliche feuerrote Strukturen, verkleidet mit lackiertem Stahl, die auf einem Punktraster angeordnet sind und, verstanden als „leere Häuser", verschiedenen Funktionen dienen kön-

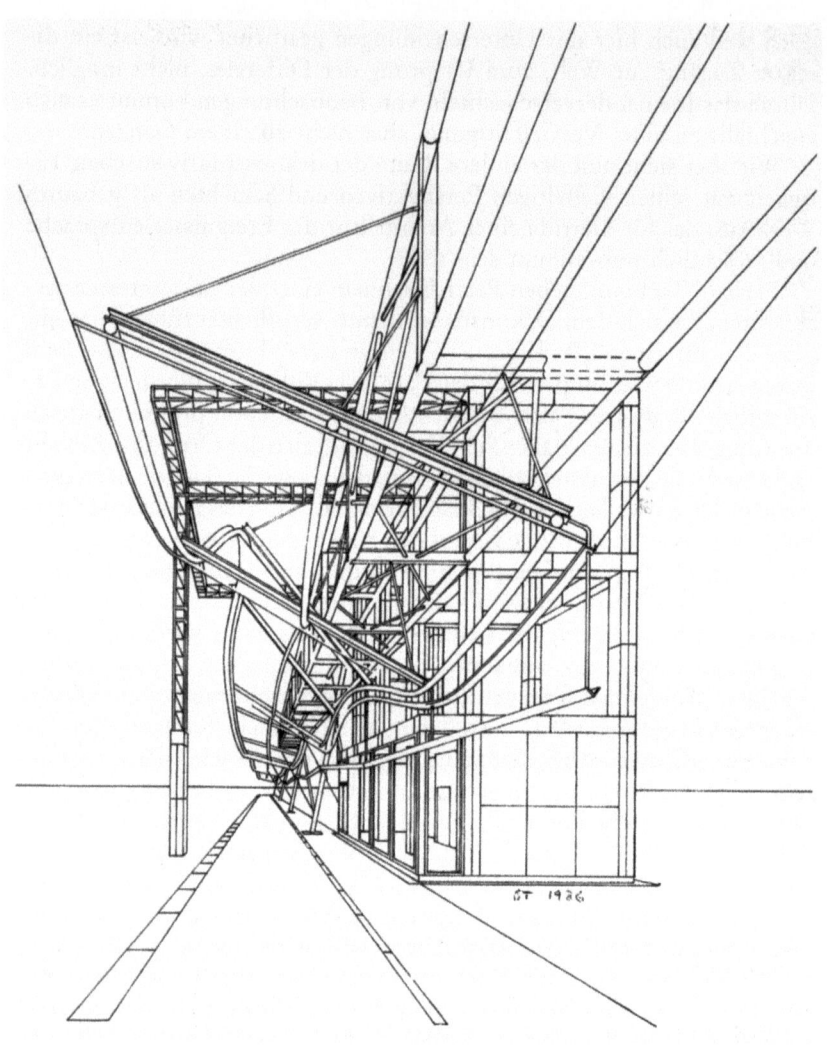

20 B. Tschumi: Parc de la Villette, Paris (seit 1986)

nen, also als Kino, Restaurant oder Kindergarten benützt werden können, ohne daß von ihrer Form auf ihre Funktion zu schließen wäre. Diesem strengen Raster werden zwei weitere Ebenen eingefügt, um das ästhetische Ideal Tschumis, die regellose Überlagerung von heterogenen Schichten, zu erreichen, die keiner durchgängigen Ordnung entsprechen und so die Idee der Ordnung durch Verzerrungen, Wiederholungen, Dissoziationen und Diskontinuitäten in Frage stellen sollen. Disparatheit wird der Synthese, Harmonie und Komposition von Elementen ebenso wie einer sequentiellen Transformation oder Variation entgegengesetzt. Negiert werden hierarchische und symbolische Strukturen, was dadurch erreicht werden soll, daß korrelative Ebenen wie Form und Funktion oder Struktur und Bedeutung nicht mehr zusammenstimmen. In Rückgriff auf die von Klee und Kandinsky entwickelte Ästhetik werden so Punkte, Linien und Flächen willkürlich übereinandergelagert. Die „Folies" entsprechen dabei den Punkten, die natürlich gewundenen Linien werden vor allem von einem Laufsteg dargestellt, der sie miteinander verbindet und den Tschumi „Filmpromenade" nennt, weil er einem entrollten Filmstreifen gleicht.

Obgleich Tschumi mit seinen Bauwerken den Rahmen und das Wesen der Architektur dekonstruktiv befragen will und so innerhalb ihrer bleibt, soll sie doch andere Gebiete wie Literatur, Philosophie oder Filmtheorie integrieren.

Dekonstruktivismus wird von Tschumi jedenfalls verstanden als eine Überlagerung von ganz unterschiedlichen Texten, als Palimpsest. In einem Exzeß an Rationalität soll sie gegen sich geöffnet werden und sich für eine nomadische Lust am Umherirren öffnen: einem Vergnügen am ausweglosen Labyrinth. In die Struktur aus Linien und Punkten sind dann die einzelnen Gärten als Flächen gesetzt, die – gemäß dem Prinzip der Heterogenität – von verschiedenen Gartenarchitekten gestaltet werden. So werden beispielsweise der konzeptuelle, durch seine Streifen bekannt gewordene Künstler Daniel Buren zusammen mit Jean-François Lyotard, der Architekt Peter Eisenman zusammen mit Jacques Derrida einen Garten entwerfen. Darüber hinaus ist die ganze Anlage dem postmodernen Ideal der Einbindung in einen Kontext entgegengerichtet, weil sie zu ihrer Umgebung keine Beziehung aufnimmt, in sie gewissermaßen als ein wuchernder Fremdkörper eingelagert sein soll. Aus der Übereinanderlegung dreier autonomer Strukturen, die einander in ihrem Ordnungsgefüge widersprechen soll, zumindest für die Wahrnehmung der Besucher, die Erfahrung von Unentscheidbarkeit entstehen, ein schwebendes Dazwischen. Bernhard Tschumis Intentionen:

„Das Projekt Parc de la Villette macht Mut zu Konflikt statt Synthese, Fragmentierung statt Einheitlichkeit, Tollheit und Spiel statt sorgfältigem Management. (...) Das Projekt Parc dce la Villette versucht, die Bedeutung zu dislozieren und zu deregulieren, wobei es das ‚Symbolrepertoire' der Architektur als Schlupfwinkel humanistischen Denkens verwirft, hat doch heute der Begriff ‚Park' seine universelle Bedeutung verloren. Er verweist nicht mehr auf ein feststehendes Absolutes oder auf ein Ideal, nicht auf den hortus conclusus oder die Replik der Natur. Der Parc de la Villette ist in fortwährendem Entstehen, in ständigem Wandel begriffen; seine Bedeutung ist niemals fixiert, sondern stets verschoben, verändert, verwaschen durch die Vielzahl von Bedeutungen, die er enthält. Insbesondere stellt der Parc de la Villette die fundamentale oder primäre Bedeutung der Architektur in Frage – ihre Tendenz (wie Derrida in ‚La Case Vide' bemerkt), in Dienst oder zu Diensten zu stehen. Der Parc de la Villette fördert dagegen die programmatische Instabilität, keine Fülle, sondern statt dessen die ‚leere' Form: les cases sont vides. Der Parc de la Villette strebt also nach einer Architektur, die nichts bedeutet.[17]"

Nach den großen Systemen, nach den universalen Ordnungen der Welt, nach der konstruktiven Architektonik also das Zerfallen oder Implodieren der Maßstäbe in chaotischen und instabilen Gebilden, die ganz im Geist des Manierismus durch Deformation oder verwirrende Vielfalt aus den Formen der natürlichen Wahrnehmungswelt gewonnen werden. Dekonstruktivismus ist die Lust am Schwindel, ist die Faszination, den Boden zu verlieren und einzutauchen in ein Universum, in dem es überall Abenteuer und Überraschungen geben könnte, während es sich dem Sinn, dem Zweck und der erkennbaren Bedeutung entzieht. Ein Ausschnitt aus einem Gespräch von Charles Jencks mit Peter Eisenman gibt Einblick in die paradoxe Haltung der Dekonstruktivisten. Dabei geht es darum, ob die dekonstruktive Architektur Eisenmans bei seinen Häusern I bis X antifunktionalistisch sei:

„P. E.: Ich würde sagen ‚Anti-' ist das falsche Wort. Es ging darum, die Funktion nicht zu thematisieren.

CJ: Nein, nein, jetzt kommen Sie aber. Sie wisssen, daß die Treppen und der berühmte Küchentisch in Ihrem Haus VI herausfordernd antifunktional sind und...

PE: Nein, sie waren gegen den Symbolismus der Funktion.

CJ: Sie erfüllen aber keinen Zweck...

PE: Es leben Leute darin.

CJ: Das in den Badezimmerboden geschnittene Loch, daß man ein Geländer an die Treppen machen muß und einen Treppenaufgang hat, der keinen Zweck erfüllt, das alles war doch herausfordernd antifunktional. Sie waren sogar stolz darauf, daß Ihr Haus II nicht von dem Mathematiker bewohnt wurde, für den es gebaut wurde. Warum also plötzlich dieses Leugnen?

PE: Ich leugne nicht, ich versuche lediglich klarzumachen, daß ich nie antifunktional war. Ich glaube, es besteht ein Unterschied zwischen antifunktional sein und dagegen zu sein, die Funktion zu thematisieren.

CJ: Aber ein Teil von Ihnen war doch stolz auf die Tatsache, daß dieser Mathematiker nicht in dem Haus wohnen konnte, und oft scheinen Sie gegen die Zufriedenheit und dagegen zu sein, daß die Dinge funktionieren.

PE: Wieder würde ich entgegenhalten, daß die Arbeit sicher nicht antifunktional war, sondern dagegen, die Funktion zu symbolisieren. Diese Häuser halten den Regen ab, man kann in ihnen schlafen...

CJ: Ja, aber mit großen Schwierigkeiten.

PE: Nein, mit einer anderen Einstellung zu dem, was es heißt, als Haus zu funktionieren. Meine Arbeit greift die Vorstellung vom Wohnen als etwas Gegebenem an. Sie ist gegen die traditionelle Vorstellung gerichtet, wie man ein Haus bewohnt.

CJ: Und die Löcher im Boden des Zimmers greifen die Vorstellung an, wie man das Wohnzimmer bewohnt und durchschreitet? Und daß man mitten im Schlafzimmer eine Säule hat, so daß man kein Bett hineinstellen kann, hat sicher die Vorstellung angegriffen, wie man ein Schlafzimmer bewohnt.[18]"

Immer wieder hat Jacques Derrida darauf hingewiesen, daß die Dekonstruktion nicht in Nihilismus aufgehe, sondern daß sie das, was dekomponiert wird, in gewissem Sinne affirmiere. Dekonstruktivismus wendet sich zwar gegen die Konstruktion von transparenten, funktionalen oder komplexen Gebilden, die aus einfachen Elementen montiert werden. Aber ähnlich wie die Rhetorik, der sie verpflichtet ist, muß sie das Unübersichtliche konstruieren, das Chaos organisieren und absichtlich den Zufall oder die Verrücktheiten produzieren. Sie muß als „Architektur des Ereignisses" paradox bleiben, weil sie das wesentlich Unverfügbare zur Erscheinung verführen muß. Bruno Schindler weist in der Beschreibung einer Festungsanlage auf diese Klammer hin, die sich auch in der Chaoswissenschaft zeigt, in der das Unübersichtliche und Unvorhersehbare auf der Basis von einfachen Algorithmen erzeugt werden, die auf sich selbst angewendet werden. Dabei geht es nicht um das Andere der Konstruktion oder Rationalität, sondern nur um die Iteration von einfachen Formeln, die ins Chaos umkippen. Die Aufsprengung des Ganzen, wie sie etwa von Peter Eisenman gemäß einer fraktalen Architektur durch „scaling" und „self-similarity" geleistet werden soll, findet so über die Wiederholung von Elementen – von Quadraten oder L-Körpern – als dezentrierende Selbstbezüglichkeit statt. Auch wenn die Nützlichkeit, gegen die die Dekonstruktivisten als Forderung an die Architektur rebellieren, bei einem Festungsbau im Vordergrund stand, so ergibt sich dennoch hier Unübersichtlichkeit für die Wahrnehmung und transparente Montage von einfachen Elementen in der Konstruktion:

„Steigen Sie doch einmal in einen der wenigen erhaltenen Festungsringe des 17. Jahrhunderts hinab. Sie werden sich in eine riesige, endlose, labyrinthische dekonstruierte Architektur versetzt finden. Schräge Mauern in allen Richtungen, spitz und stumpf zusammenlaufend, hier jäh abbrechend, dort gekippt ansteigend, mal scharfkantig, mal weich mit Erde abgepolstert, gestrandete Mauermassen, verwinkelte Gräben, Palisaden und unvermutet endende Sackgassen verwirren die Sinne. Alles wankt auf einem präzis facettierten Grund. Öffnungen, in denen der Blick gegen gekrümmte Mauern stößt und einsame Schilderhäuschen auf spitzwinkligen Mauerzungen suggerieren, beobachtet zu werden und verlassen zu sein. – Dagegen der Plan: das chaotische, sinnliche Durcheinander entpuppt sich als eine höchst regelmäßige, geometrische Struktur, deren logische Konstruktion auch ohne nähere Kenntnis der Fallparabeln und Kanonenkugeln leicht nachzuvollziehen ist.[19]"

Als Exzeß der Rationalität stürzt der Dekonstruktivismus nur die übersichtlichen Ordnungen um und öffnet sie für eine nomadische Lust, die in gleichwohl durchkonstruierten Labyrinthen sich verwirrt und verirrt. Die Bedeutungslosigkeit ist, so Clement Rosset, nicht durch einen Mangel an Wegen, sondern vielmehr wie in einem Labyrinth durch eine stete Vermehrung von Wegen definiert.[20] Dekonstruktivismus in Kunst und Architektur: Das ist ein moderner Manierismus und ein modernes Barock. Das Unendliche ist ersetzt durch die turbulente Leere, in die das Ereignis einfallen soll: „Das Geheimnis der Dinge besteht gerade darin, ohne Geheimnis zu sein. Die grundlegende Botschaft ist nur ein Geräusch und es gibt keine Zeichen. Wer aber kann ertragen, daß es auf dem Grund jeder Lektüre nichts zu lesen gibt."[21]

Anmerkungen

1. Papadakis, A. (Hrsg.): Dekonstruktivismus. Eine Anthologie, Stuttgart 1989
2. Derrida, Jacques, La verité en peinture, Paris 1978
3. Derrida, Jacques, Das Subjektil ent-sinnen, in: Paule Thevenin/Jacques Derrida, Antonin Artaud, Zeichnungen und Portraits, München 1986
4. A. a. O. S. 60 f
5. Zit. aus: Dekonstruktivismus, a. a. O., S. 101
6. Zit. aus: a. a. O., S. 97
7. Zit. aus: a. a. O., S. 89
8. Rorty, Richard, Kontingenz, Ironie und Solidarität, Frankfurt 1989, S. 221
9. A. a. O., S. 207 f
10. Zit. aus: Dekonstruktivismus, a. a. O., S. 89. Auch eine in sich kreisende Photogeschichte oder natürlich eine Nicht-Geschichte von Marie-Françoise Plissart wird für Derrida unter dem Blickwinkel des Ereignisses gesehen: „Und all das, was undenkbar schien, läßt das Werk sich ereignen – ein Recht auf Ereignis haben, dessen Ort das Werk zugleich besetzt und analysiert als ein topographisches Ereignis." (in: Recht auf Einsicht, Wien 1985, S. XI)
11. Zit. aus: Dekonstruktivismus, a. a. O., S. 71
12. Lyotard, Jean-François, Zeit heute, in: ders.: Das Inhumane, Plauderein über die Zeit, Wien 1990, S. 133
13. A. a. O., S. 135
14. Derrida, Jacques, Am Nullpunkt der Verrücktheit – Jetzt die Architektur, in: Wolfgang Welsch (Hrsg.), Wege aus der Moderne, Weinheim 1988, S. 220
15. Jacques Derrida im Gespräch mit Eva Meyer: Labyrinth und Archi/Textur, in: Die Abenteuer der Ideen. Architektur und Philosophie seit der industriellen Revolution, Ausstellungskatalog, Berlin 1987, S. 106
16. Derrida, Jacques, Am Nullpunkt..., a. a. O., S. 224
17. Zit. aus: Dekonstruktivismus, a. a. O., S. 181
18. Zit. aus: a. a. O., S. 142
19. Schindler, Bruno, Die verschlungenen Wege der Dekonstruktion, in: ARCH+, Heft 96/97, 1988
20. Rosset, Clement, Das Reale. Traktat über die Idiotie, Frankfurt 1988, S. 21
21. Merres, Michel, La Traduction, Paris 1974, S. 67

Teil II

Dekonstruktion dekonstruieren?
Anmerkungen zu Bernard Tschumis ‚Parc de la Villette'

Gert Kähler

1
Der erste Eindruck ist der einer überwältigenden Fremdheit. Wenn man den ehemaligen Schlachthof überwunden hat, der heute zum Museum für Wissenschaften umgebaut ist, wenn man in der technizistischen Riesenkugel des „Géode" die roten Konstruktionen sich hat spiegeln sehen, gebrochen durch die versilberten Platten der riesigen reinen Kugel, dann wirkt der Park dahinter zunächst wie eine belanglose Spielerei: rote Punkte auf grünem Rasen, eine erhalten gebliebene Halle des 19. Jahrhunderts, ein Kanal, einige merkwürdig wellenförmig geschwungene, komplizierte Wege-Überdachungen, abgesenkte Gartenstücke, im Hintergrund die neue „Cité de la Musique".

Ein Park für das Volk? Ein Stück Architektur, ein bedeutendes gar, das veritable Philosophen in intellektuelle Wallung bringt? Nichts davon stellt sich auf den ersten Blick ein, statt dessen der Eindruck einer großen Ebene, auf der wie rote konstruktivistische Schafe einige Gerüste stehen, durch flach wirkende Wellendächer verbunden.

Als ich den ‚Parc de la Villette' zum ersten Mal sah, fand gerade die Generalprobe eines ‚Weltfestivals der Trommler' statt: Aus allen Richtungen kamen Musiker mit Schlaginstrumenten heran, unterwegs spielend in der Art eines Wandelkonzertes; sie trafen sich zu einer großen Pyramide und spielten – ein überwältigender, ganz fremd anmutender Eindruck, der an diesem Ort zu Hause schien, der diese architektonische Szenerie *zum Ort machte*.

Die ‚Punkte': Jeder ein Blechgerippe in Rot, das Konstruktion und (russischen) Konstruktivismus signalisiert, aufgebaut auf einem Kubus von 10.80 m mal 10.80 m, der als zugrunde liegende Form immer mal wieder geahnt werden kann; in Wirklichkeit jedoch eine Stahlbetonkonstruktion, nur mit dünnem Blech verkleidet. Eine immer nur angedeutete Grundform: durchstoßen, als Gerippe sichtbar (also ohne Bekleidung durch Wände), wo die Funktion es erlaubt; aber welches ist die Funktion? Aussichtspunkt, aussichtslos? Cafeteria, Restaurant, Galerie? Von Rampen umschlungen, mit außen liegenden Treppen erschlossen in den oberen Ebenen; Gitterträger stoßen schräg durch die Form; eine metal-

21,22 B. Tschumi: Parc de la Villette, Paris (seit 1986)

lene Treppe führt, immer schmaler werdend und ihr Geländer verlierend, immer höher, in keine Ebene; eine Wasserkaskade fällt nach unten; eine riesige runde Wetterfahne oder ein Eisenbahnsignal scheint sich im Wind zu drehen – aber es dreht sich nichts; ein Gang mit schrägem Dach, als wollte die Konstruktion nicht mehr halten, durchstößt den Kubus und endet irgendwo.

Die ‚Linien‘: Zwei dünne, hohe Rohre, zu einem X zusammengelehnt, tragen ein Raumfachwerk aus einem Träger, wie eine Kabeltrasse; davon ist ein in der Laufrichtung wellenförmig verlaufendes Dach aus Trapezblechen abgehängt; aber in der anderen Richtung werden die Dächer zu Galerien, zur „street in the air"; sie hören auch einfach auf, wenn es aus praktischen Gründen opportun erscheint, vor einem Kanal, beispielsweise: Dann führt eine Treppe herunter, weil dort eine Treppe sein muß, und die Galerie wird angespitzt, um zu zeigen, daß sie endlich, daß nun endlich Schluß ist.

Die ‚Flächen‘ sind zunächst einmal einfach da, grüner Rasen. Da das Gelände noch im Bau ist, werden die Gärten einzelner Architekten erst nach und nach vollendet werden. Was man bisher sehen kann, sind keine Gärten, sondern Garten-Architekturen (oder „Horchi-Tekturen", wie bei Bernhard Leitners ‚Cylindre sonore‘); die ‚freien‘ Formen anscheinend zufällig verlaufender Wege, scheinbar absichtslos liegender Brücken über einen abgesenkten Gartenteil sind aus ‚harten‘ Materialien gebaut – das ist nicht liebliche Gartenkultur, sondern sichtbar gemachte steinerne Mühsal; selbst den frei herumstehenden Stühlen fehlt alles zur einladenden Gartenbank: Blechspielzeug von Philippe Starck.

Der ‚Parc de la Villette‘ – ein Ort der Verstörung, der die Arbeiterfamilie aus dem Osten von Paris mit ihrer Picknickausstattung am Sonntagnachmittag genauso verträgt wie das Festival aller Trommler der Welt; ein Ort, der wie kaum ein anderer zum architektonisch-archimedischen Punkt geworden ist, von dem aus, vielleicht, eine althergebrachte architektonische Welt aus den Angeln gehoben werden kann; ein Ort, der andererseits aber auch nur das ist, was sein Architekt von den ‚Punkten‘ sagt: „folie", eine Verrücktheit?

2
Im ersten *Bauwelt Fundament*, das sich mit dem Dekonstruktivismus unter verschiedenen Perspektiven befaßte, hatte ich die Architektur der Dekonstruktion einer Kritik unterzogen[1], die sich auf zwei Punkte bezog: zum einen auf die – gewollte oder ungewollte, aber in unserer Zeit und

23–26 B. Tschumi: Parc de la Villette, Paris (seit 1986)

mit unserem historischen Bewußtsein unvermeidliche – Beziehung zum sowjetischen Konstruktivismus der zwanziger Jahre. Die formalen Parallelen zwischen 1925 und 1985 sind so offensichtlich, daß sie nicht ignoriert werden können; wenn aber eine solche Beziehung hergestellt wird, muß auch Bezug auf den ideologischen Gehalt jener Architektur genommen werden. Was damals dem Aufbau einer neuen Welt galt, was die Menschen verändern sollte, kann heute nicht übernommen werden, ohne zu diesen Inhalten Stellung zu beziehen (und – dies die Kritik – die ist nicht erkennbar).

Der zweite Punkt der Kritik bezog sich darauf, daß eine Architektur des Bruchs, der Schräge, des – vermeintlichen – Chaos nicht aus dem der Architektur zwangsläufig innewohnenden Widerspruch ausbrechen kann: dem Zwang, nutzbare Räume zu schaffen. Das „unvermeidlich Positivistische eines Ziegelsteins" kollidiere mit einer möglichen kritischen Absicht; Kritik an der bestehenden Welt könne in der Architektur nur über den Aufbau einer neuen artikuliert, also nur immanent geäußert werden (wenn eine bessere Welt gebaut wird, stellt das damit Kritik an der vorhergehenden dar). Eine Architektur aber, die diesen Zusammenhang vernachlässige, verkomme zur Werbeästhetik: Auffälligkeit um jeden Preis. Im Design gibt es das Schrille, Häßliche schon lange als äußerstes Stimulans einer dekadenten Gesellschaft, die schon alles gesehen hat. An dieser Kritik ist nichts zurückzunehmen, auch wenn man feststellen muß, daß ihre Wirkung tragisch begrenzt bleibt, da sich die Architekten offenkundig weiterhin mit dem Thema befassen.

Was mit dem vorliegenden Aufsatz geleistet werden soll, ist eine gründliche Überprüfung der Thesen an einem konkreten Beispiel, die – zugegeben: aufgrund besonderer Umstände – zu überraschenden neuen Dimensionen führt. Die Umstände aber liegen in dieser besonderen Bauaufgabe, dem Park, begründet, der zweckfrei dem Vergnügen dient, und in diesem Fall offenbar nicht nur dem Vergnügen des Publikums, sondern auch dem des Architekten (und dem des Kritikers, der sich damit sezierend auseinandersetzen darf). Die Karten würden anders gemischt, wenn ein Tschumi zum Beispiel ein Opernhaus, einen Flughafen, ein Krankenhaus baut.

Bevor wir auf den Bau des Parc de la Villette weiter eingehen, noch einige Bemerkungen zum Umfeld, in dem dieses Stück Architektur steht – im buchstäblichen wie im übertragenen Sinne. Bei der kritischen Beschreibung des Projekts wird in der Regel ein Aspekt (auch von Tschumi) nur am Rande erwähnt: daß das vollständige Produkt ‚Parc de la Villette' ein Gemeinschaftswerk zahlreicher Architekten sein wird. Die einzelnen Gärten innerhalb des von Bernard Tschumi entworfenen Parksystems werden von mehreren Architekten gebaut (fertiggestellt sind unter anderen der von Gilles Vexlard und der von Alexandre Chemetoff, geplant sind Gärten von John Hejduk, Jean Nouvel und den bemerkenswerten Arbeitsgemeinschaften von Peter Eisenman und Jacques Derrida oder Daniel Buren und Jean-François Lyotard). Charles Jencks erwartet als Ergebnis ein „avantgardistisches Disneyworld"[2], aber die schnoddrige Formulierung trifft (diesmal) nicht, da sie einen wesentlichen Aspekt verkennt. Denn der Unterschied liegt in der Nicht-Kommerzialität des Parks, in der Zweck-Freiheit des Unternehmens; ehemals renommierte Architekten der Postmoderne wie Michael Graves dagegen bauen nur wenige Kilometer Luftlinie entfernt das tatsächliche Disneyworld in Marne-La-Vallée.

Die Zweckfreiheit aber der Tschumischen „Folies" ist Teil ihres Wesens; als Bestandteil einer Architektur zur Profitmaximierung eines Unternehmens wäre ihr der Boden entzogen. Nein, den interessanteren Teil der Umgebung des Parc de la Villette stellen vielmehr die anderen ‚Grand Projets' des französischen Staates in Paris dar: Ieoh Ming Peis Eingangspyramide des Louvre, Otto von Spreckelsens ‚L'Arche' als Eingangstor nach La Defense, Carlos Otts ‚Opéra Bastille', das Finanzministerium von Paul Chemetoff und die geplante Nationalbibliothek. Der Staat – nicht ein abstrakter, sondern einer, der in der Person des Präsidenten Verantwortung bis zur Auswahl der Architekten trifft! – stellt sich in Bauten dar, und in einer bemerkenswerten Übereinstimmung meist in solchen, deren Grundlage primäre geometrische Körper sind: Tschumis Kuben, Peis Pyramide, Fainsilbers Kugelbau (Musée des Sciences et des Techniques), von Spreckelsens Tor-Kubus.

Der Parc de la Villette als staatstragende Architektur? Vermutlich liegt in dieser Deutung ein Mißverständnis zwischen Auftraggeber und Auftragnehmer. Wohl mag ersterer noch den Glanz barocker Formen vor seinem geistigen Auge sehen, letzterer aber hat diesen schwerlich im Hinterkopf. Dennoch kommen beider Ansätze nach dem „Durchgang durch ein unendliches Bewußtsein" im Sinne von Kleists *Marionettentheater* an einem Punkt zusammen, an dem nämlich, an dem das Zeitalter definiert wird in architektonischer Form: das barocke im 17. Jahrhundert wie das unsrige (und die Architekturen, die – wie in der Verlängerung der Königsachse durch ‚L'Arche' – noch am stärksten am barocken Ideal hängen, fallen konsequenterweise am weitesten dahinter zurück).

Die bauliche Umgebung des Parc de la Villette deutet also auf mehr als nur auf eine Stadt und ihre Parkanlagen hin, obwohl wir diesen praktischen Aspekt nicht aus den Augen verlieren wollen. Aber die „architektonische Umgebung" meint noch etwas anderes.

Als Charles Jencks das Jahr 1972 zum Beginn einer postmodernen Architektur machte, weil eine hoch gelobte Anlage des sozialen Wohnungsbaus in den USA in die Luft gesprengt und damit das Scheitern der Utopie der Moderne jedermann sichtbar geworden sei, da hatte er im journalistischen Sinne durchaus recht. Die eigentlichen Grundlagen der Postmoderne waren jedoch einige Jahre früher gelegt worden; wenn man es denn an Daten festmachen wollte, so wäre das Jahr 1966 wesentlich treffender gewesen, das Jahr, in dem Robert Venturis *Complexity and Contradiction in Architecture* und Aldo Rossis *L'Architettura della Città* erschienen.

Entscheidend ist, *daß* beide im selben Jahr erschienen: das Buch, das den amerikanischen postmodernen Eklektizismus begründete *und* das, das den europäischen Rationalismus theoretisch fundierte; denn damit war das Hauptaugenmerk auf die *Gleichzeitigkeit* von unterschiedlichen stilistischen Ansätzen gerichtet. Postmoderne stellte sich damit als eine Form des Denkens heraus, nicht als ein bestimmter architektonischer Stil, der historische Formen, mehr oder minder verzerrt, wieder in die Architektur einbrachte. Dieses Denken brach mit einer Moderne, die auf eine endliche Einheit gerichtet ist und damit einen letztlich totalitären Charakter hat: „Die Ablehnung der Einheit hat massive Gründe. Nicht eine Vorliebe oder ein modisches Faible für Differenz und Pluralität liegen zugrunde, sondern die Einsicht in das irreduzible Eigenrecht und die Unüberschreitbarkeit des Vielen haben eine neue Gesamtkonzeption nötig gemacht. Parallel dazu ist die Misere des Ganzen sichtbar geworden. Konventionell pflegte man angesichts von Defiziten einer an Ganzheitsidealen orientierten Realität zu sagen, es sei eben nicht ganz gelungen, diese Idee zu realisieren oder ihren umfassenden Anspruch einzulösen. Das liege an unserer – leider immer wieder hinderlichen – Endlichkeit. Die postmoderne Reflexion sieht das gerade umgekehrt: Die Einlösung der Idee, deren vollendete Realisation brächte das vollendete Desaster. Das Nichtgelingen ist unser Glück. Denn die Heilsvorstellungen, die auf Ganzheit zielen, sind in Wahrheit Unheilvorstellungen. [...] Endlichkeit ist nicht unsere Behinderung, sondern unsere Rettung und Chance. Das manifeste Ganze, die realisierte kosmische Heilsvision wäre gleichbedeutend mit Exitus und Totenstarre."[3]

Postmoderne Architektur müßte also besser heißen: Architektur im Zeitalter der Postmoderne. Postmoderne Architektur ist kein Stil; jede Festlegung auf eine ästhetische Konvention täte das Gegenteil dessen, was postmodernes Denken will. Die Parataxe, das gleichberechtigte Nebeneinander verschiedener Stile, ist Kennzeichen postmoderner Architektur. Das macht die Arbeit des Kritikers nicht leichter, auch nicht die des Architekten, der im ständigen Begründungszwang für formale Entscheidungen steht; aber das Denken einer Epoche nimmt auf derlei Bequemlichkeiten keine Rücksicht. Nicht der eine oder andere Stil ist „richtig", sondern die eine oder andere architektonische Lösung; die Suche nach ihr enthält häufig genug eine Unterströmung von Verzweiflung, die sich auf die ‚Logik des Zeitalters' bezieht: „Die Rückkehr des Schönen Scheins, der Eklektizismus, die Zitatfreude, die Innovationswelle – lauter Momente, die man der postmodernen Architektur nachsagt – deuten also eher einen Mut der Verzweiflung an, einen Versuch, vielleicht, Zeit zu gewinnen. Aus der nötigen Distanz betrachtet und mit Blick auf Postmoderne *und* Moderne könnte schließlich deutlich werden, was die ‚Anmaßung des Geistes gegenüber der Zeit' genannt wurde. Die Mimesis des Schreckens, die Meditation des Todes der Menschheit, die ‚Ästhetik des Posthistoire' erweisen miteinander die Notwendigkeit, die Macht der linear bemessenen Zeit zu brechen und – beim Verlassen des Spielfeldes – um so mehr Zukunft je mehr Vergangenheit freizulegen."[4]

Die „Würfel" bei Tschumi, das „Spielfeld" des Philosophen – je ernsthafter die Fragen werden, desto eher scheint man die Antworten im Spiel erproben zu wollen.

3
Die zahlreichen gebauten oder gezeichneten primären Körper in der heutigen Architektur – die ‚Grand Projets' sind nur ein Beispiel dafür – können in mancher Hinsicht kaum überraschen. Sie sind kongruent einer architektonischen Suche nach dem Ausdruck eines postmodernen Zeitalters. So, wie die gewürfelte ‚Sechs' beim ‚Mensch, ärgere dich nicht!' immer noch faszinierend auf den homo ludens wirkt, selbst wenn der die Dreißig überschritten hat, so mußte das Experiment der Form in den verschiedenen postmodernen Architekturen – durchaus von unterschiedlichen Annäherungen her – früher oder später auch zu den reinen Formen der Geometrie gelangen: Kugel, Pyramide, Kubus. Das liegt schon in dem grundsätzlichen Unterschied zwischen der klassischen architektonischen ‚Komposition' zu einer ‚Architektur der reinen Geometrie' begründet.

Es gibt Zeiten, die das eine, und Zeiten, die das andere architektonische Prinzip bevorzugen: die Klassizismen der Baugeschichte sind folgerichtig keine Zeiten reiner geometrischer Formen (wobei der Begriff des ‚Reinen' in diesem Zusammenhang keinesfalls wertend verstanden werden darf!).

Als im Jahre 1473 ein Kardinal die Baustelle der Kirche San Sebastiano in Mantua von Alberti betrachtete, mußte er feststellen: „Ich kann nicht sehen, ob das eine Kirche werden soll, eine Moschee oder eine Synagoge."[5] Ein merkwürdiger Satz, denn man sollte meinen, daß der Bau einer Kirche selbst im unvollständigen Zustand signifikant genug sei. Der diesem Bau zugrunde liegende Würfel drückt zwar ‚Feierlichkeit', ‚Würde' aus – weshalb der Kardinal die Möglichkeiten auf sakrale Beispiele eingrenzt –, bricht aber mit dem hergebrachten Kanon, auf den man sich als Kirchenmann verlassen zu können glaubte. Der Kardinal erkannte das Skandalöse (im buchstäblichen Sinne) an dem Entwurf. Und um dieses Skandalon geht es immer in der Architekturgeschichte der reinen Geometrie, von den Pyramiden über das Pantheon bis zur französischen oder sowjetischen Revolutionsarchitektur; es geht so sehr um das nie Geschaute, das Unerhörte, daß man die Beispiele allesamt als Revolutionsarchitekturen bezeichnen könnte.

Gebaut wurde in ihnen immer eine Idee, nicht eine Bauaufgabe; gebaut wurde eine Welt, ein Kosmos. Diese Architekturen der reinen Geometrie stehen für sich, das heißt: für ein Absolutes. Das erklärt, warum die Moderne so wenig mit Kreis, Kugel oder Würfel anfangen konnte und es erklärt gleichzeitig, warum Architekten wie Le Corbusier, Louis Kahn oder Mies van der Rohe eben doch etwas damit anfangen konnten und eine Ahnung davon in ihrem Oeuvre bewahrten; denn bei diesen Architekten gab es noch die verzweifelte (weil zum Scheitern verurteilte) Suche nach dem Einssein von reiner Form, Kosmos und Ordnung.

Das zweite Skandalon in der Architektur reiner geometrischer Körper ist das der „gleitenden Skala" oder der Maßstabslosigkeit ihrer Bauten – und der Begriff enthält einen beabsichtigten Doppelsinn. Adolf Max Vogt hat sie beschrieben: „Das ‚Ungeheure' an ihnen hat subtilere Ursachen [als die reine Dimension, G. K.] – sie liegen im Rückgriff (oder Vorgriff) auf die Zentralsymmetrie, welche die Proportionen stillegt auf jene ‚Regularité', die schließlich im Verhältnis 1:1:1 mündet. Genau wie das Quadrat unter den Rechtecken das letzte oder erste ist, sind der Kreis und die Kugel das Ende oder der Anfang. Quadrat und Kreis, Kubus und Kugel bedeuten je die Stillegung der Proportion. Sobald sie dominierend werden [...], steht der Betrachter in Wahrheit vor der *gleitenden Skala*. Er erlebt nicht mehr eine feste, stabilisierte Beziehung von Breite zu Höhe, oder von Boden zu Kuppel, sondern die Neutralisierung in der Waagerechten wie in der Senkrechten, und diese Neutralisierung der Maße zueinander, das heißt der Proportion, des Zusammenspiels oder der Concinnitas, entpuppt sich als ‚ungeheuer‘, weil sie ins Riesige oder Winzige gleiten kann. An die Stelle der Sicherheit, der Würde und der Harmonie der Proportion A : B tritt in der Zentralsymmetrie A : A das Gleitgefühl des Fadenkreuzes – etwas, das man in den modernen Medien ‚zooming‘ oder ‚zeroing‘ nennt."[6]

Der Würfel als ‚absolute Architektur‘ und als Beispiel der „gleitenden Skala" – und damit als Beispiel des Ausbrechens aus dem gewohnten Kanon der Formbestimmung aus Proportion, Konstruktion oder Funktion – das macht die Beschäftigung des Architekten mit dem Kubus zu etwas Besonderem. Ob dieses ‚Besondere‘ damit bereits eine hervorzuhebende ‚Bedeutung‘ besitzt, sei zunächst dahingestellt. Deren Gewicht muß über die Suche nach den historischen Analogien oder Vorbildern bestimmt werden, zu denen die heutigen Architekturen der reinen Geometrie Stellung nehmen (Stellung nehmen allein dadurch, daß es historische Vorgänger gibt, deren Existenz nicht naiv ignoriert werden kann).

Im Rahmen einer Architektur seit der Aufklärung, die man mit dem Begriff der Moderne belegen kann, im Rahmen der Architektur seit etwa 1760 also sind die reinen geometrischen Formen von Kugel, Pyramide und Kubus insbesondere in den beiden Revolutionsarchitekturen, der französischen um 1780 und der sowjetischen um 1920 verwendet worden. Adolf Max Vogt hat diesen Zusammenhang ausführlich gewürdigt und als gemeinsames Element beider das Moment des „Kosmismus" dargestellt: den Versuch, ein neues Eins-Werden zwischen der Gesellschaft und dem Kosmos, dem Weltganzen, in der Verwendung von geometrisch reinen Formen darzustellen. Bei Louis-Etienne Boullée war es der Newton-Kenotaph, der sehr buchstäblich die Weltkugel in idealisierter Form abbildete, bei Jean Nicolas Ledoux waren es Kreisfiguren wie die Anlage der Saline in Chaux. In der sowjetischen Architektur des Konstruktivismus verwendeten zum Beispiel Architekten wie Leonidow (Lenin-Institut), Golosov (Klub der Kommunalarbeiter), Melnikow (eigenes Wohnhaus) oder die Brüder Wesnin (Arbeiterpalast) reine geometrische Formen. Gerade weil darin kein direktes formales Vorbild zu sehen ist (die französische Revolutionsarchitektur war damals noch gar nicht bekannt), kann man also auf verwandte geistige Grundlagen schließen. Das wird bestärkt dadurch, daß beide Architekturen sich programmatisch von der herrschenden Lehre absetzten; ihr demonstratives Anders-Sein ist Teil ihrer Aussage.

Das Bemerkenswerte aber ist, daß sich von diesen historischen Epochen Verbindungen zum Parc de la Villette und Bernard Tschumis Kuben ziehen lassen. Tschumi nennt diese in seinen drei, den Park gliedernden Systemen „Punkte": ein Verweis auf die Maßstablosigkeit der Würfel, auf die Architektur der „gleitenden Skala" – der Würfel zum Punkt verkleinert. Ausgangspunkt der Form ist der ‚Würfel' – zerlegt, zergliedert, verfremdet, mit Nutzungen versehen, die keine Beziehung zur Form haben; Tschumi nennt sie „Folie" oder englisch „Follies". Er nimmt damit einen architektonischen Begriff, ein Motiv aus der Zeit der ersten Revolutionsarchitektur auf: das ‚Stück Architektur', das, zweckfrei und nicht an den formalen Kanon gebunden, nur ‚Architektur' ist und das vorzugsweise im englischen Landschaftsgarten und als Ruine vorkam.

In der künstlichen Ruine wird versucht, ‚Zeit' darzustellen und damit das Wissen des Menschen von der eigenen Geschichte – insofern liegt im Ruinenbau ein erster Versuch, den Inhalt der Aufklärung – den „Auszug des Menschen aus seiner selbstverschuldeten Unmündigkeit", die Aufgabe der Berufung auf ein außermenschliches Walten – auf den architektonischen Begriff zu bringen. Ulf Jonak nennt es die „pathetischste Interpretation des Ruinösen: das Unfertige als Menschenspur auf göttlich-gigantischen Werken"[7] zu interpretieren; man verstehe „plötzlich die Liebe des 18. Jahrhunderts zur Ruine, und zwar nicht nur als sentimentalen Rückzug, sondern auch als bildgewordenen Hinweis auf den Umschwung von alter zu neuer Ethik, das heißt, ein sachtes, von Angstlust stimuliertes Rütteln am Althergebrachten und zugleich ein krampfhaftes Ausbauen der traditionellen Position, indem mit zerfallenden Dokumenten eine weit zurückliegende Historie und damit ein breiteres Fundament vorgegaukelt wird"[8].

Das Désert de Rez bei Paris, von François Barbier für den Adligen François Racine de Monville wenige Jahre vor der französischen Revolution gebaut, bildet den Höhepunkt dieser Architektur: der Versuch, in verschiedenen ‚Folies', in einem Landschaftsgarten nach englischem Vorbild verteilt, das Jahrhundert auf den Begriff zu bringen: in Bauten wie jener künstlichen, überdimensionierten Ruine einer antiken Säule, die als Wohnhaus des Bauherrn diente, oder einer Pyramide, die mit einer Art ‚Urhütte' eine bauliche Verbindung eingeht.

27 F. Barbier: Désert de Rez, Paris (um 1780)

Hier liegt die Verbindung zwischen den ‚Folies' im Landschaftsgarten, die gebaut wurden, und den gezeichneten Architekturen der Boullée und Ledoux, die Vision blieben: die ‚richtigen' Folies in den Gärten des späten 18. Jahrhunderts wären so etwas wie eine ‚Revolutionsarchitektur, die sich nicht ganz traut', die vor ihrer eigenen Größe und Bedeutung erschrickt und deshalb Zuflucht im Niedlichen sucht, in einer Architektur, die man nicht ernst nehmen muß: eben ‚Folies'.

Diese Motive greift Tschumi auf, nicht erst im Parc de la Villette. Schon in den Zeichnungen für „Joyce's Garden" (1979), einer Hommage an James Joyce und den Roman *Finnegan's Wake* (1939), tauchen die zum Gerüst skelettierten Kuben auf, nach einem ähnlichen Prinzip geordnet wie in La Villette.

Der reine Kubus aber als ‚Folie', als Verrücktheit, ist auch Würfel und wird zum Spielzeug, um so mehr, als der Park das Zweckfreie, aber nicht Regellose seiner Funktion betont. Tschumis Würfel bleiben immer auch Teil eines ‚Mensch, ärgere die nicht!', bleiben zugleich Spiel und Regel. Tschumi selbst bezeichnet die Überlagerung verschiedener Systeme (Punkte, Linien und Flächen) als „Spielbereich"[9]. Der Park als Spielplan – ein Wort, in dem die beiden Seiten des Spiels ausgedrückt werden.

Die Beziehung von Tschumis ‚Verrücktheiten' zur sowjetischen Revolutionsarchitektur liegt beinahe noch offensichtlicher bloß als die zur französischen; sie erschließt sich unmittelbar über die formalen Parallelen zwischen, zum Beispiel, dem Projekt für die ‚Leningradskaja Prawda' der Gebrüder Wesnin (1923) und den Würfeln in La Villette; auf die Verwendung primärer Körper bei beiden wurde bereits hingewiesen.

Man kann also zunächst feststellen, daß nicht nur die beiden Revolutionsarchitekturen des 18. und des frühen 20. Jahrhunderts – wie Tschumi – reine geometrische Formen verwenden (das geschieht bei der Eingangspyramide des Louvre oder bei anderen der genannten ‚Grand Projets' auch); Tschumi aber – was seine Architektur von der der anderen unterscheidet – bezieht sich im Sinne einer Mehrfachkodierung in vielfältigen Anspielungen, die von der architektonischen bis zur literarischen Ebene reichen, auf beide.

Worin aber liegt diese Affinität zu vergangenen Revolutionsarchitekturen? Gewiß nicht in den politischen Revolutionen der vergangenen Jahre, sicher überhaupt nicht in einem unmittelbar politischen Ideal. Tschumi bestreitet vehement jede Neigung zu einer neuen Utopie: „Ich würde sagen, daß La Villette nichts damit zu tun hat, wie die Dinge in Zukunft sein werden, sondern wie sie hier und heute sind. Es gibt heutzu-

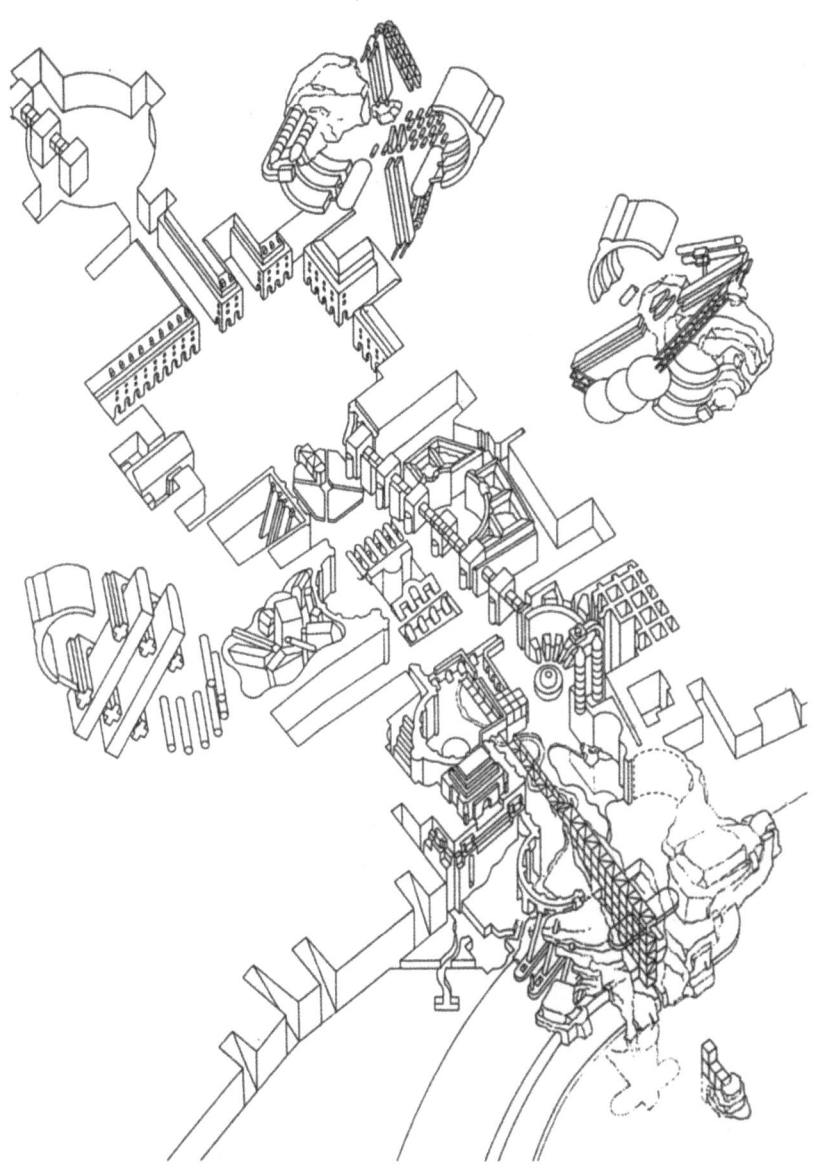

28 B. Tschumi: Joyce's Garden (1977)

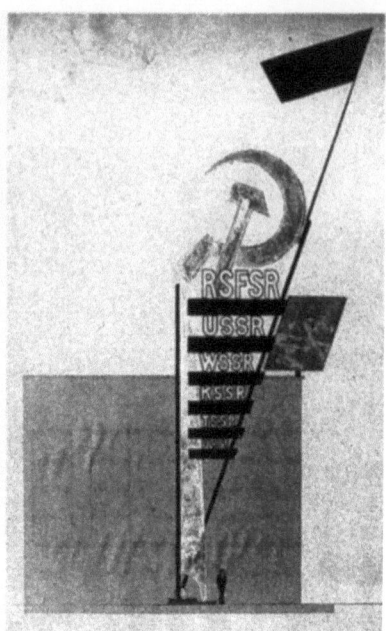

29 Gebrüder Wesnin:
Leningradskaja
Prawda, Moskau (1923)

30 El Lissitzky: Entwurf für den
sowjetischen Pavillon auf der
„Pressa", Köln (1928)

31
B. Tschumi:
Parc de la
Villette,
Paris (seit 1986)

tage keine Utopien!"¹⁰ Nun hatten die anderen Revolutionsarchitekturen – das macht diesen Begriff durchaus problematisch – mit der zeitgleichen politischen Revolution auch nur bedingt etwas zu tun; im Falle Ledoux' und Boullées wollten die Architekten nichts mit der Revolution, im Falle Melnikows und Wesnins die Revolution nichts mit den Architekten zu tun haben (eine zugegebenermaßen vereinfachte Darstellung, die aber den Punkt der Distanz zwischen Architektur und Politik trifft). Es ging vielmehr bei beiden wie auch bei Tschumi um eine geistige Umwälzung, die ihren Ausdruck in architektonischen Formen findet.

Um diesen Hintergrund besser zu verstehen, muß man begreifen, *was* Tschumi aus dem Würfel macht; es reicht nicht aus, *daß* er ihn verwendet. Dafür muß man den reinen Kubus als doppeldeutig verstehen – wie jede reine Form. Das glatte Äußere kann auf Ruhe, Harmonie, Geschlossenheit hindeuten. Es kann aber auch die genügend große Hülle von etwas sein, das alles andere als ebenmäßig und im Gleichgewicht ist; die glatte Außenseite eines Würfels kann auch der Versuch sein, das Chaos in seinem Inneren zu verbergen; das verzweifelte Bestreben, die revolutionäre Veränderung *noch* in Schach zu halten: eine ‚heile Welt‘ zu beschwören, die doch schon Risse hat.

Tschumis ‚Folies‘ in La Villette, Würfel, denen man die Umhüllung weggenommen hat – die auch eine Verkleidung war! – zeigen das Zerlegen eines einstmals ‚reinen‘ Inhalts und die Untersuchung, was dahinter steckt: „Ideale von Reinheit, Vollkommenheit und Ordnung werden zu Quellen von Unreinheit, Unvollkommenheit und Unordnung."¹¹ Insofern ist seine Weigerung, dieser Architektur einen utopischen Aspekt abzugewinnen, nur folgerichtig: „Man erkannte [nach dem Mai '68 in Paris, G. K.], daß die ganze utopische Tradition in der Architektur nicht als Grundlage von Theoriegebäuden geeignet ist. Damals schien mir diese Tatsache mit bestimmten sozialen, ökonomischen und politischen Umständen zusammenzuhängen. Einige Jahre später kam ich dann zu der Überzeugung, daß das Ende der Utopie mit dem Ende einer historischen Epoche zusammenhängt und daß sich am Ende des 20. Jahrhunderts etwas Grundsätzliches ereignet hat. [...] La Villette stellt keine Utopie des 21. Jahrhunderts dar. [...] Im Begriff des 21. Jahrhunderts steckt auch das Ideal eines neuen Programms, einer neuen Gesellschaft, aber gleichzeitig glaube ich nicht daran."¹² Und Tschumi erinnert an die Doppeldeutigkeit des Wortes „Folie" als „kleines Gebäude" und „Verrücktheit".

Insofern wohnt den rot leuchtenden Bruchstücken von noch als Kuben erkennbaren ‚Gerüsten‘ ein Hauch von ‚fröhlicher Anarchie‘ inne, von der schönen Aussicht in die Unmöglichkeit. Der Mensch, für den der Parc de la Villette gebaut ist, „befindet sich – gleich einem Pilger des dreizehnten Jahrhunderts, der nach dem Heiligen Gral forscht – stets auf der Suche nach dem leeren Zentrum im Herzen der Gesellschaft, der Selbstwiderlegung aller Texte, der großen Leere der Vernichtung, die er dann, zu seiner eigenen Freude, erwartungsgemäß aufspürt. Was er nämlich gefunden hat, gleicht einer Religion ohne Glauben, einem positiven Nihilismus oder – in Derridas Worten – einer affirmativen Dekonstruktion."[13]

Was Charles Jencks hier spöttisch beschreibt, ist richtig gesehen und falsch verstanden. Denn Tschumis Verzicht auf die Utopie öffnet für einen kurzen Moment, vielleicht nur für dieses Projekt gültig, den Blick in eine neue Zeit, in die Zeit nach der Aufklärung, der der Gedanke an das Ende der Zeit immanent war: „Unter der Signatur einer konstitutiven Asymmetrie zwischen Vergangenheit und Gegenwart aber wird Zeit *teleologisch* [also mit der Aufklärung des 18. Jh., G. K.], und Zeit, welche ‚gerichtet' ist wie eine Handlung, bedarf eines ‚*Subjekts*'. Sobald dann endlich die Stelle des ‚Subjekts der Zeit' von der ‚*Menschheit*' besetzt ist, werden auch alle einzelnen Zeitverläufe auf *die eine Geschichte der Menschheit* bezogen [...]. Nicht mehr nur die Vergangenheit, sondern auch die aus der Vergangenheit ‚hochgerechnete' Zukunft ist als Bezugsinstanz gegenwärtigen Handelns suspendiert", schreibt Hans Ulrich Gumbrecht[14] und bezeichnet treffend die „Gegenwart als Vergangenheit der Zukunft"[15], nicht, so wäre zu ergänzen, als Zukunft der Vergangenheit.

Wenn – wie ich meine – die Architektur von La Villette eine solche weit ausgreifende Deutung zuläßt, dann wäre sie eine Architektur, die *dem Bewußtsein voranginge*: eine dritte Revolutionsarchitektur. Nach der Revolutionsarchitektur der Aufklärung, die die Moderne als Freiheit des Denkens begründet hat; nach der sowjetischen Revolutionsarchitektur, die eine Architektur für eine klassenlose Gesellschaft sein wollte und damit zur Freiheit des Denkens die Freiheit des gesellschaftlich-materiellen Unterbaus hinzufügte, wäre in dieser Architektur eine neue ‚Revolution' auf den architektonischen Begriff gebracht: die neue Freiheit, *auch eine Moderne zu überwinden*, an derem folgerichtigem Ende, für alle erkennbar, die Zerstörung der Welt steht. Denn „solange die Modernität nicht gesteht, daß sie sich diskret, aber unnachgiebig als endzeitliches Reich etabliert hat, solange bleibt sie mit unbewußter Gewaltsamkeit in ihren Anspruch verkrampft, daß nach ihr keine andere Zeit mehr Epoche machen dürfe"[16]. Das postmoderne Denken bricht aus diesem Denken aus, als dessen Teil auch die Architektur der Dekonstruktion gesehen werden muß. Gerade der Verzicht auf eine neue Utopie bekommt unter diesem Aspekt eine neue Dimension, nämlich als Weigerung, die Denkkategorien der Moderne zu verwenden. Der *Verzicht auf eine neue Utopie ist die neue Utopie.*

4

‚Dekonstruktion', ‚Dekonstruktivismus' nennt sich die Architektur, nach der der Parc de la Villette entwickelt wurde; Bernard Tschumi verwendet den Begriff, ungewöhnlich genug, selbst. Ein Begriff aus dem literarisch-philosophischen Umfeld wird als Methode auf die ‚konstruktive' Architektur übertragen. Was als Methode dienen sollte, literarische Texte gegen den Strich zu bürsten, um eine neue Sinnschicht zu erschließen, das wird auf ein völlig anderes Medium übertragen mit völlig anderen Regeln: In einem Fall wird etwas Vorhandenes mittels einer kritisch-analytischen Methode untersucht, im anderen wird diese verwendet, etwas noch gar nicht Vorhandenes zu erzeugen!

Dennoch erweist sich der Begriff in einem etwas anderen Sinne auch für den architektonischen Diskurs als tauglich, weil er nämlich auf elegante Weise den Januskopf der Postmoderne verdeutlicht: ‚De' und ‚Kon'. Dem folgend, lehnt Tschumi die funktionale Festlegung seiner Baukörper ab und ist jedes Mal entzückt, wenn sich im Verlauf der Planung eine andere Nutzung bei einer der ‚Folies' ergibt: Die ‚Punkte' sind ‚Folies' sind ‚Würfel', aber sie sind nicht Galerie, Café oder Kindertagesstätte. Das gleiche gilt für die Festlegung einer symbolischen Bedeutung seiner Würfel: „Indeed, the Park's architecture refuses to operate as the expression of a pre-existing content", schreibt er in einer Interpretation von La Villette[17].

Beide Feststellungen sind allerdings nicht ganz so originell, wie ihre Interpreten gern behaupten; sie haben vor allem kaum etwas mit dem Dekonstruktivismus als architektonischer Methode zu tun; sie stammen vielmehr aus dem Katechismus der Moderne. Die Quader eines Mies van der Rohe („Mach's doch größer, Hugo, dann kannst du alles drin machen", zum funktionalistischen Hugo Häring gesagt, wenn man der Anekdote folgen darf) waren nichts anderes als neutrale Hüllen für verschiedene Zwecke; und was die symbolische Bedeutung von Architektur betrifft, so lehnt das Sullivansche „form follows function" schon am Beginn der architektonischen Moderne jede nicht aus dem Zweck entwickelte Bedeutung ab.

Tschumi leugnet mit seiner Feststellung jedoch nicht die Tatsache, daß Architektur Bedeutung besitzt, sondern nur, daß die vom Architekten vorgegeben werden könne. Das allerdings hat in so eindeutiger Form kaum einer behauptet. Nicht der Architekt (selbst wenn er es versuchte) gab die Bedeutung vor, sondern eine Gesellschaft erkannte sie in einem Bau. Nichts anderes erwartet Tschumi, wenn er schreibt: „The Park's three autonomous and superimposed systems and the endless combinatory possibilities of the *Folies* give way to a multiplicy of impressions. Each observer will project his own interpretation, resulting in an account that will again be interpreted [...]. In consequence, there is no absolute ‚truth' to the architectural project, for whatever ‚meaning' it may have is a function of interpretation: it is not resident in the object, or in the object's materials."18 Daran ist allerdings, wie gesagt, nichts Neues. Architektonische Bedeutung war immer abhängig von Zeit, Zeitablauf und Gesellschaft. Anders als früher aber gibt es nicht mehr die relative Konstanz von Bedeutungen; ‚Gesellschaft' ist nicht mehr die geschlossene Veranstaltung von einst, sondern ein parataktisch geordnetes (oder auch nicht geordnetes) Gebilde von vielen Zentren und Unterzentren (dem entspricht übrigens die Struktur des Parc de la Villette, die auch nicht auf ein Zentrum gerichtet ist).

Tschumi versucht in La Villette, wie er selbst in seiner Analyse der Anlage betont, mit dem Mittel der „Disjunktion" jeden Anklang an die traditionelle Idee der „Synthese" eines Baus aufzuheben; er wendet sich sogar ausdrücklich gegen die vitruvianische Dreiheit aus ‚venustas', ‚firmitas' und ‚utilitas', die ein harmonisches Gebilde darstellen sollen: „‚Deconstructing' a given programme meant showing that the programme could challenge the very ideology it implied. And deconstructing architecture involved dismantling its conventions, using concepts derived both from architecture and from elsewhere – from cinema, literary criticism and other disciplines. [...] It is not by chance that the different systems of the Park negate one another as they are superimposed on the site. [...] The independence of the three superposed structures thus avoided all attemps to homogenise the Park into a totality. It eliminated the presumption of a preestablished causality between programme, architecture and signification. Moreover, the Park rejected context, encouraging intertextuality and the dispersion of meaning. It subverted context: La Villette is anticontextual. It has no relation to its surroundings. Its plan subverts the very notion of borders on which ‚context' depends."19 Tschumi beschwört in diesen Sätzen beinahe verzweifelt den ‚Nicht-Sinn' oder ‚Gegen-Sinn' seiner Architektur, das gegen die ‚alte' Architektur gerichtete Element seiner Methode; und man merkt, wie sehr sie von der theoretischen Konzeptualisierung hergeleitet ist.

Aber die Architektur ist stärker, als es alle Beschwörungen seines Urhebers glauben machen wollen. Die Formen im Park mögen neu sein, sie fügen sich dennoch wie selbstverständlich zu einem *neuen Ganzen,* das sich mit seiner Umgebung – selbstverständlich! – auseinandersetzt. Nicht auf einen vorhandenen Kontext einzugehen, *ist* eine architektonische Aussage, und die Anlage von einer großen Zahl ähnlich aussehender Bauten in einem strengen Raster fügt sich selbstverständlich zu einem Ganzen, auch wenn die ‚Linien' nicht dessen Orthogonalität aufgreifen! Kommt hinzu, daß die formalen Mittel des ‚Parc de la Villette' im einzelnen – wie schon gezeigt – so neu nicht sind. Der sowjetische Konstruktivismus ist nur ein Hinweis auf eine Reihe von formalen Parallelen, die bis zur Überlagerung verschiedener Strukturen bei Richard Meier gehen, der des Dekonstruktivismus sicherlich unverdächtig ist; selbst das großflächige Raster soll es schon vor Tschumi gegeben haben. Und die vitruvianische Dreiheit war schon längst von der Moderne gesprengt worden. Tschumi kämpft hier gegen eine Schimäre.

32, 33

Das ändert überhaupt nichts an der Originalität und der Bedeutung seiner Architektur, allenfalls an seinen Interpretationen. Gerade gegen diese schlägt das Imperium der Architektur mit seinen autonomen Gesetzmäßigkeiten zurück. Im Ergebnis wird der ‚Parc de la Villette' viel konventioneller gelesen werden können; die anderen Architekten können wieder aufatmen – die Architektur wurde nicht neu erfunden.

Aber das, was dort gelesen wird, ist dennoch ‚revolutionär' insofern, als es einer Zeit die architektonische Perspektive weist. In der Beziehung zu zwei historischen Architekturen findet Tschumi den Faden für eine neue Erzählung, und zwar eine, die nur über die historischen Architekturen verstanden werden kann. Eine Erzählung aber auch, die den Anspruch erhebt, die Zeit – unsere Zeit – architektonisch zu artikulieren. Im Unterschied zu früheren Architekturen, die diesen Anspruch erhoben, formuliert Tschumi kein Ideal, keine Utopie, sondern zeigt die Perspektive zu einer neuen Weltauffassung – und er sagt es sogar letzten Endes selbst: „La Villette looks out on new social and historical circumstances: a dispersed and differentiated reality that marks an end to the utopia of unity."[20]

Welche Dimension das an der Grenze zu einer neuen Zeit besitzt, machen einige Sätze von Peter Sloterdijk deutlich, die als direkte Fortset-

32,33 B. Tschumi: Parc de la Villette, Paris (seit 1986)

zung von Tschumis Aussage gelesen werden können: „Da ist es um die elegante Nachdenklichkeit des postmodernen *small talk* geschehen, die süffige Vorsilbe [das „Nach" einer „Nachmoderne", G. K.] ist plötzlich nur noch ein Symptom der Panik und ein ohnmächtiges Postulat, es möge nach der knapp werdenden Endzeit, in der wir uns gefangen wissen, noch neue offene Zeitspannen für nachgeschichtliche menschliche Existenz geben. [...] tatsächlich steht hier nicht weniger auf dem Spiel als die Möglichkeit einer nachmodernen Geschichtlichkeit – nämlich die Chance einer nachgeschichtlichen Zeitoffenheit. [...] Ein kleines ‚Nach', und aus dem Niedagewesenen lösen sich, noch nebelhaft, Umrisse einer Zeit nach dem Ende der ‚Geschichte'."[21]

5
„So it is sometimes in the name of, let us say, a *new* Enlightenment that I deconstruct a given Enlightenment" schreibt der philosophische Übervater des Dekonstruktivismus, Jacques Derrida, in einem seiner verständlicheren Texte[22]. Und insofern ist der Bau von Bernard Tschumi im ‚Parc de la Villette' dekonstruktivistisch. Derrida sagt in seinem Beitrag selbst, der Dekonstruktivismus sei nicht zu definieren, er sei auch keine Methode oder Ähnliches; „Since it is not a system, not a method, it cannot be homogenised. Since it takes the singularity of every context into account, Deconstruction is different from one context to another. So I should certainly want to reject the idea that ‚Deconstruction' denotes any theory, method or univocal concept. Nevertheless it must denote *something*."[23]

Muß es wohl. Wenn aber nicht – wozu ist die Theorie dann gut? Ein wenig beschleicht einen beim Lesen dieser Texte der Verdacht, der Architekt habe sich einen Pappkameraden aufgebaut: die ‚traditionelle Architektur'. Der wird nun aufs Korn genommen, als ob dieses Spiel nicht schon von mehreren Generationen von Architekten der Moderne gespielt worden wäre. Jacques Derrida aber habe sich durch die verbalen Parallelen zwischen philosophischem und architektonischem Diskurs dazu verleiten lassen, eine tatsächliche Parallele zu erkennen. Davon wiederum waren die Architekten begeistert, weil jetzt ihre Architektur die höheren Weihen erlangte...

Natürlich war alles ganz anders. Aber auch die Dekonstruktion kann nicht die Spannung zwischen Theorie und Praxis auflösen, der der Architekt sich permanent stellen muß: Gleich, ob seine Theorie bloße Erklärung ex posteriori bleibt oder ob er tatsächlich nach einer – wie auch immer formulierten – Theorie arbeitet (einer ‚theoretischen Theorie', möchte man sagen) – der Prüfstein bleibt der fertige Bau.

Zum Glück hatte Bernard Tschumi die Chance zur Verwirklichung, zum Glück besteht sein ‚Parc de la Villette' neben der Theorie (oder gegen sie?). Der Architekt hat selbst die Spannung zwischen beiden bemerkt: „the constraints of the built realization both expanded and restricted the research. It expanded it, in so far as the very real economic, political and technical constraints of the operation demanded an ever-increasing sharpening of the theoretical argumentation: the project became better as difficulties increased. But it restricted it in so far as La Villette had to *built*."[24] Dem muß man widersprechen: daß La Villette gebaut wurde, hat die architektonische Forschung erweitert, die sich nicht auf die Theorie, sondern auf den Bau beziehen muß.

La Villette bot für die Architektur eine unglaubliche Chance: der Park als Spielwiese *und* Experimentierfeld *und* als Ort von Menschen, die zweck-los dort leben wollen. Tschumi hat diese Chance ergriffen. Und Derrida hat das verstanden: „Diese roten Würfel werden geworfen wie die Würfel der Architektur. Der Wurf [...] geht der Architektur, die kommt, entgegen. Er geht ihr Risiko ein und gibt uns dadurch eine Chance."[25]

Das aber bleibt eine Sache der Architektur, keine der Dekonstruktion.

Anmerkungen

1 G. Kähler, Schokolade ja, aber edelbitter. Dekonstruktivismus, Maschine und Utopie, in: ders. (Hrsg.): Dekonstruktion? Dekonstruktivismus? Aufbruch ins Chaos oder neues Bild der Welt?, Braunschweig 1990
2 Ch. Jencks, Die Architektur der Dekonstruktion, in: „Arch +" 96–97, S. 36
3 W. Welsch in der Einleitung zu W. Welsch (Hrsg.), Wege aus der Moderne, Weinheim 1988, S. 16
4 D. Kamper, Nach der Moderne. Umrisse einer Ästhetik des Posthistoire, in: Welsch a. a. O., S. 173
5 Zitiert nach N. Pevsner, Europäische Architektur, München 1963, S. 199
6 A. M. Vogt, Mit Dekonstruktion gegen Dekonstruktion, in: G. Kähler, a. a. O., S. 60 f
7 U. Jonak: Sturz und Riß. Über den Anlaß zu architektonischer Subversion, Braunschweig/Wiesbaden 1989, S. 119
8 Ebda.
9 B. Tschumi, Erläuterungsbericht zum Projekt ‚Parc de la Villette', in: Ph. Johnson/M. Wigley, Dekonstruktivistische Architektur, Stuttgart 1988, S. 92
10 Ders. in einem Interview Sept. 1987, teilweise abgedruckt in: G. Kähler, a. a. O.
11 S. Anm. 9
12 S. Anm. 10, S. 132
13 Jencks, a. a. O., S. 44
14 H. U. Gumbrecht: Posthistoire Now. In: H. U. Gumbrecht/U. Link-Heer (Hrsg.): Epochenschwellen und Epochenstrukturen im Diskurs der Literatur- und Sprachhistorie. Frankfurt/Main 1985, S. 44
15 A. a. O., S. 45
16 Sloterdijk, Nach der Geschichte, in: W. Welsch, a. a. O., S. 272
17 B. Tschumi, Parc de la Villette, Paris, in: Architectural Design: Deconstruction in Architecture, London 1988, S. 39
18 Ebda.
19 A. a. O., S. 38
20 A. a. O., S. 39
21 P. Sloterdijk, Nach der Geschichte, in: W. Welsch, a. a. O., S. 273
22 J. Derrida, In Discussion with Christopher Norris, in Architectural Design 1-2/89, S. 11
23 A. a. O., S. 9
24 Tschumi, Parc..., a. a. O., S. 35
25 J. Derrida: Am Nullpunkt der Verrücktheit – Jetzt die Architektur, in: W. Welsch, a.a.O., S. 232

34 COOP Himmelblau: Dachausbau, Wien (1987)

Dialog über Coop Himmelblau und das Wienerische, was sonst?

Friedrich Achleitner

Z: Reden wir über etwas Vernünftiges.
A: Reden wir über etwas Vernünftiges.
Z: Reden wir über Coop Himmelblau.
A: Ist das vernünftig?
Z: Vernünftig vielleicht nicht, aber wienerisch.
A: Wienerisch? Es hätte Dir doch nichts Unwienerischeres einfallen können.
Z: Das ist es ja eben. Alles Wienerische ist unwienerisch.
A: Das mußt Du mir erklären.
Z: Ich werde es Dir beweisen.
A: Dann beweise es.
Z: Also: Das Wienerische gibt es nicht, also ist alles Unwienerische wienerisch.
A: Schon mehr gelacht. Was versprichst Du Dir davon, wenn Du versuchst, eine der denkbar unnötigsten Beziehungen herzustellen?
Z: Vielleicht einen Fund, eine Überraschung oder ein glattes Nullergebnis.
A: Ich fürchte, das wird nicht leicht werden.
Z: Reden wir über das Reden oder reden wir über das Bauen?
A: Oder reden wir über das Reden vom Bauen?
Z: Aber die Coop Himmelblau bauen doch, wie sie reden?
A: Meinst Du das ernst? Ich hoffe nicht.
Z: Steig doch endlich von Deiner Rhetorik herunter.
A: Na, das Rhetorische oder Literarische wäre doch schon was. Denk an die *Reiss-Bar*.
A: Reißbar – zack und schon ist der Riß da.
A: Und die Schraube. Ha, ha.
Z: Aber das ist doch Schnee von gestern.
A: Schmäh von gestern?
Z: So leicht kannst Du es Dir nicht machen.
A: Meinst Du, mit dem Dekonstruktivismus ist es einfacher?
Z: Hör auf mit dem Dekonstruktivismus. Für mich ist das ein Konstruk-

tivismus mit einem „De" davor. Ein Name, wie Desselbrunn oder, für die alten Bundesländer, wie Deggendorf. Oder soll ich Dir einen Vortrag halten, daß alle Stilbezeichnungen der Geschichte entweder Spitznamen, Verunglimpfungen oder Fehlurteile waren? Oder hast Du jemals einen funktionalistischen Bau gesehen, der funktionierte oder einen konstruktivistischen, der nur gut konstruiert war?

A: Du meinst also, man kann die Bezeichnung ungeniert benutzen.
Z: Wie die handgeschriebenen Etiketten der Biokost.
A: Jetzt sind wir aber in eine Sackgasse geraten.
Z: Das kann man wohl sagen.

A: Fangen wir noch einmal an.
Z: Fangen wir noch einmal an.
A: Ernst.
Z: Ganz ernst.
A: Das mit dem Wienerischen meine ich schon ernst, schließlich handelt es sich um keine Eigenschaft.
Z: Das einzige Adjektiv ohne Eigenschaft?
A: Es ist ein Zustand.
Z: Oder ein Trauma.
A: Es nährt sich jedenfalls vom Grant, Zweifel, Haß und Zynismus.
Z: Und von der Hetz.
A: Also, der Summe von allem.
Z: Der Wiener Olymp ist voll von Verhöhnten, Vernichteten, Vergessenen, Geschändeten und Zerbrochenen.
A: Und der Heurige ist die Vorhölle, da prosten sie einander alle zu, bevor sie verhöhnt, vernichtet, vergessen, geschändet und zerbrochen werden.
Z: Thomas Bernhard hätte es nicht besser sagen können.
A: Entschuldige, bitte.
Z: Wenigstens wieder ein Wien-Klischee. Und was hat das alles mit Coop Himmelblau zu tun?
A: Nichts, vielleicht nur mit dem *Ronacher*?
Z: Aber, bitte.

A: Gibt es nun das Wienerische oder nicht? Bevor wir es mit den Coops in Beziehung bringen, müssen wir wenigstens wissen, ob es überhaupt existiert?

Z: Ich weiß es nicht. Wittgenstein würde jedenfalls von einem Scheinproblem sprechen. Aber, es gibt auch Leute, die darüber nachdenken.
A: Wir, zum Beispiel.
Z: Beginnen wir mit einer Behauptung.
A: Beginnen wir mit einer Behauptung.
Z: Ich behaupte, das Wienerische hat etwas mit jener Form von Wahrheit zu tun, die sich dafür geniert, wahr zu sein.
A: Ja, das Wienerische glaubt sogar die Wahrheit in der Lüge besser aufgehoben als in ihr selbst.
Z: Wie meinst Du das?
A: Das ist ganz einfach: Von der Lüge kennt man die Spielregel, von der Wahrheit nicht. Die Wahrheit hat keine Spielregel, sie ist nur verwundbar.
Z: Die Lüge ist unverwundbar.
A: Außerdem ist sie fad.
Z: Die Lüge?
A: Nein, die Wahrheit. Und rechthaberisch. Irgendwie ausweglos. Ohne Fantasie.
Z: Außerdem möchte das Wienerische immer wie das andere sein, um dann festzustellen, daß es sich doch davon unterscheidet.
A: Das ist doch eine widerliche Selbstbespiegelung.
Z: Ganz recht, mein Freund.
A: Reden wir endlich von der Architektur.
Z: Fragen wir doch einmal Loos.
A: Ganz was Neues, gut: Fragen wir Adolf Loos.

Z: Herr Loos, Sie haben da auf den Michaelerplatz ein Haus hingebaut, von dem die Wiener glaubten, daß es ganz modern sei. Sie aber meinten, es sei wienerisch?
Loos: Wollen Sie darauf wirklich eine Antwort? Lesen Sie doch den Czech oder den Achleitner, die können Ihnen ganz genau erklären was da los war, so gut, daß ich es selber nicht verstehe.
A: Wollten Sie nun die Wiener schockieren oder nicht?
Loos: Die Wiener kann man nur schockieren, wenn man ihnen den Spiegel vorhält oder die Vergangenheit. Sozusagen die reine Vergangenheit und nichts als die Vergangenheit. Ich habe ein wenig Vormärz hingebaut und der Prohaska hat es als Bedrohung empfunden. Metternich hätte sicher den Wink verstanden, daß ich mich eigentlich nur

bei Hof etwas bemerkbar machen wollte und er hätte mir einen Auftrag gegeben.
Z: Warum nennen Sie Kaiser Franz Joseph I. so despektierlich Prohaska?
Loos: Ach so, zu meiner Zeit haben ihn alle so genannt. Alle borniertren Wiener waren Prohaskas.
A: Und die Nicht-Bornierten?
Loos: Gab es keine. Meine Freunde und Goldman und Aufricht ausgenommen.
Z: Genaugenommen trieben Sie den ganzen Aufwand für einen Schneider. Und das gegenüber der Hofburg.
Loos: Was haben Sie gegen die Schneider? Das waren zu meiner Zeit die einzigen Leute mit Kultur, vielleicht noch die Metzger und Zuckerbäcker. Aber die hatten wiederum keinen Geschmack. Ich habe mein Haus nur einfach anständig angezogen, damit es nicht auffällt. Und das, muß man wissen, ist in Wien das Wirksamste. Nur wer nicht auffallen will, der fällt wirklich auf. Das hat uns noch der selige Metternich hinterlassen.
A: Was halten Sie von Coop Himmelblau?
Loos: Wenn ich bei meinen Vergleichen bleiben darf: Schneider würde ich vielleicht nicht sagen, aber Hutmacher?
Z: Vielen Dank, Herr Loos.
A: (Mit vorgehaltener Hand): Geändert hat sich der alte Knochen nicht.

A: Warum können wir kein ernstes Gespräch führen?
Z: Vielleicht liegt es an der Architektur?
A: Oder an der blöden Beziehung Architektur – Wien?
Z: Ich sage es Dir einfach auf den Kopf zu: Du hast Angst vor dem Ernst.
A: Ja, mit dem Ernst kann man sich in Wien leicht lächerlich machen.
Z: Der Wiener lacht nur, wenn etwas ernst ist.
A: Oder er nimmt gleich das Lächerliche ernst.
Z: Aber wir führen doch unser Gespräch für das Ausland!
A: Du meinst, die lachen nur, wenn etwas ernsthaft lustig ist.
Z: Vielleicht finden wir nur nicht den richtigen Einstieg?
A: Keine alpinistischen Metaphern, bitte.
Z: Dich hat doch gerade das Gerede der Coops immer aufgeregt: Architektur muß brennen und so.
A: Mich regt alles plakative Gerede im Zusammenhang mit Architektur auf. Aber, am schlimmsten sind die Vereinfacher. Menschl...

Z: Und die Verallgemeinerer.
A: Alles...
Z: Mich wundert manchmal, wie sparsam man mit der Sprache umgehen könnte.
A: Aber alle Fundis bringen doch den Diskurs weiter.
Z: Diskurs, auch das noch.
A: Übrigens, Coop Himmelblau haben nie behauptet, Dekonstruktivisten zu sein.
Z: Aber die anderen glauben es. Weil sie in Wirklichkeit so versteckt konstruieren, daß man es gar nicht sieht, obwohl man die Konstruktion vor der Nase hat.
A: Sie machen Dir einen Blitz, aber er steht wie ein Bock.
Z: Aber alle sehen den Blitz.
A: Da fliegen die Formen in Fetzen herum und in Wirklichkeit kann die Eisenbahn drüber fahren.
Z: Komm mir jetzt nicht mit dem Schmäh.
A: Aber vielleicht ist es eine andere Form des Umgangs mit der architektonischen Wahrheit?
Z: Den Ernst, den alle für eine Hetz halten.
A: Na endlich, jetzt wird's langsam spannend.

A: Mein Lieber, das mit dem Dekonstruktivismus möchte ich Dir nicht so leicht durchgehen lassen.
Z: Wieso?
A: Stellen wir einmal die Fragen auf wienerisch: Wie konstruktivistisch ist der Dekonstruktivismus?
Z: Gegenfrage: Wie dekonstruktivistisch war der Konstruktivismus?
A: Unbestritten ist doch, daß man ohne die Gesetze der Schwerkraft, ohne die Regeln der Konstruktion zu beachten, nicht bauen kann. Also, Adam Riese, alles Bauen ist konstruktiv.
Z: Konstruktivistisch?
A: Nein, zum Teufel, konstruktiv. Konstruktivismus ist doch nur die Darstellung von Konstruktion, ist doch nur konstruktiv eingekleidete Form, wenn Du willst, Pseudokonstruktion.
Z: Und der Dekonstruktivismus stellt mittels deformierter Konstruktionen dekonstruktivistische Inhalte dar.
A: Ja.
Z: Aber ist das nicht Rokoko? Von mir aus im Spiegelkabinett?

A: Da kann ich Dir nicht widersprechen.

Z: Aber, mein Lieber, es gibt doch noch ein Hintertürl.
A: Du meinst, die Wiener Lösung des Problems.
Z: Das hast Du gesagt. Wenn schon nicht das Bauen dekonstruktiv sein kann, weil es ein Widerspruch in sich selbst wäre, so könnte es doch eine Entwurfsmethode sein.
A: Du meinst, man könnte alle Prämissen, alle Faktoren, alle Bedingungen und Wertungen und was es noch geben mag, durch einen dekonstruktivistischen Fleischwolf drehen – im Hirn natürlich – und daraus ein ganz neues architektonisches Produkt formulieren.
Z: Genau das meine ich.
A: Jetzt bin ich leider schmähstad. Zu deutsch: ich habe keine Argumente.
A: Also, es ist auch von dieser Seite her betrachtet egal, ob man etwas dekonstruktivistisch nennt oder nicht. Die Bezeichnung ist ohnehin nur eine Art Vorwarnung, ein Blickrezept, eine Aufforderung auf besondere Drehs zu achten.
Z: Weißt Du, am liebsten würde ich ganz hanebüchen behaupten, das Wichtigste ist doch der Bau, das, was man einfach konkret sieht. Nur im Bau liegt die eigentliche Wahrheit, erst diese kann wirklich etwas vermitteln.
A: Ja, aber das Problem liegt doch darin, daß man nur sieht, was man weiß. Man könnte doch genauso behaupten, nur das, was man bewußt wahrnimmt, ist das wirkliche Bauwerk.
Z: Du meinst, das Bauwerk ändert sich durch die Augen, die darauf gerichtet sind?
A: So ist es.
Z: Wozu benötigst Du dann überhaupt ein Bauwerk?
A: Du meinst die Architektur?

Z: Jedenfalls, so weit sind wir gekommen, ist es völlig egal, ob die Coop Himmelblau Dekonstruktivisten sind oder nicht.
A: Für mich sind sie ohnehin Konstrukteure, noch dazu sehr clevere, raffinierte, wenn Du willst hinterfotzige.
Z: Du meinst, sie haben etwas Barockes, Gestisches, Inszeniertes?
A: Ja, aber ihre Räume stehen nicht für etwas anderes, sondern sie verweisen nur auf sich selbst.

Z: Sie spielen nicht Theater, sie sind es. Es handelt sich auch nicht um Analogien, schon gar nicht um Metaphern...
A: Oder von allem in einem?
Z: Sie verstecken nichts und trotzdem wirst Du dauernd überlistet. Sie führen Dich mit den Augen zu einem Punkt, und daneben passiert es.
A: Es passiert immer dort, wo Du gerade nicht hinschaust.
Z: Das Geschehen – jetzt verwende ich absichtlich einen Zeitbegriff – hat keinen Mittelpunkt, Du bist immer drinnen und draußen in einem. Gebauter Aktionismus.
A: Jetzt heb nicht ab. Ich möcht's genauer wissen.
Z: Jedenfalls ist das Spektakel nicht anstrengend.
A: Schon gar nicht moralinsauer, hintergründig.
Z: Eher erfrischend.
A: Ich finde, Du verwendest immer die falschen Wörter. Wie aus der Werbung.
Z: Jedenfalls sind die Aggressionen aus dem Gebauten verschwunden.
A: Die sind weg.
Z: Der Dachaufbau in der Falkestraße ist so etwas wie eine Labsal für die Augen.
A: Und fürs Gemüt.
Z: Musik für fade Sitzungen.
A: Ein Ausflug in die Wiener Dachszene.
Z: Ein Drinnen-Draußen-Spiel.
A: Gigi Domenig würde sagen: Drindraußendrinsel.
Z: Ja, ja, der Gigi.

Z: Für Dich hat also die Architektur der Coop Himmelblau nichts mit dem Wienerischen zu tun?
A: Du meinst mit dem verkappten Universalismus, mit der Kontinuität und dem Kontext?
Z: Na, mit dieser subtilen Dialektik von Nähe und Distanz.
A: Jedenfalls suchen sie immer die Gegenpositionen auf. Schau Dir das Atelier vom Baumann an, da gibt es keinen Punkt der hineingestellten Konstruktion, der in die Falle der alten Baustruktur geht, so als hätten sie es darauf angelegt, immer die größte innere Entfernung von der vorhandenen Substanz zu suchen.
Z: Das wäre ja ein umgestülpter Kontextualismus, ein auf den Kopf gestellter Karl Kraus. Motto: ungemütlich bin ich selber.

A: Und das nennst Du unwienerisch?

A: War der Vergleich mit dem Theater nicht etwas unfair?
Z: Wenn Du damit Theaterdonner meinst, dann schon. Wenn Du Dir aber zum Raumfaktor den Zeitfaktor vorstellst, dann wohl nicht.
A: Du meinst die Simulation von Bewegung, die Aktionsgebärde, das Provozieren von Erwartungshaltungen?
Z: Daß die Architektur zuerst einen aus den Angeln hebt und dann mit kleinen Dachteln in Bewegung hält.
A: Ich meine, daß sie einen nicht auf einem Thema sitzen läßt; Prinzip Wechselbäder, Abräumen von Sehgewohnheiten.
Z: Aber ist das nicht eine ausgeborgte Ästhetik, die die Architektur von sich aus gar nicht mitbrächte?
A: Wenn schon, aber kannst Du sie noch von ihr ablösen? Oder würdest Du behaupten, es ist Kunst im Rahmen eines Bauwerks abgehandelt? Schließlich sitzen Rechtsanwälte drinnen und fabrizieren ihre Schlüsse.
Z: Ob die nicht manchmal was entdecken?
A: Du meinst, so kleine architektonische Rechtsbrüche?
Z: Oder größere Verdrehungen? Das wäre doch schließlich ihr Beruf.
A: Du meinst, das Verdrehen?
Z: Ich meine natürlich das Aufspüren.
A: Jedenfalls sieht man die Dächer ringsherum nicht mehr mit ganz normalen Augen.
Z: Also eine Weltverdrehungsmaschine?
A: Nein, eher ein Gerät zur Manipulation von Sehgewohnheiten.
Z: Jetzt sind wir also endlich dort: eine subversive Architektur?
A: Eine das System stabilisierende Provokation.
Z: Also doch – eine wienerische Architektur.
A: Diesen Schluß habe ich befürchtet.

Das Erhabene und das Groteske
oder Michelangelo, Piranesi und die Folgen.
Über einige Grundbegriffe der Architekturtheorie Peter Eisenmans

Ullrich Schwarz

Wenn Peter Eisenman behauptet, ein Dekonstruktivist könne nur ein Moderner sein[1], dann ist dies als eine notgedrungene Konzession an einen Sprachgebrauch und Erwartungshorizont in der gängigen Architekturdebatte zu verstehen. Eisenman bezeichnet sich selbst nicht als Dekonstruktivisten, schon gar nicht im Sinne eines Konzeptes, das seine Architektur mit der von Frank Gehry, Zaha Hadid und Rem Koolhaas unter einen Begriff zwingen will. Dennoch kann seine konzessionsbereite Äußerung, für sich genommen, neue Mißverständnisse stiften, da Eisenman weder Dekonstruktivismus noch Moderne als architektonische Termini verwendet. Dekonstruktivismus ist für Eisenman kein Etikett für sein Architekturkonzept, sondern eine bestimmte Position in der zeitgenössischen Philosophie und Literaturkritik, auf die er gelegentlich zurückgreift. Grundlegender wird sein Selbstverständnis bestimmt von einem Begriff der Moderne, der nicht auf dem formalen Repertoire und den gesellschaftlichen Implikationen der klassischen architektonischen Moderne fußt, sondern sich primär außerarchitektonisch als bewußtseinsgeschichtliche Signatur, als „geistige Situation der Zeit", als „episteme" im Sinne Foucaults, als „state of mind"[2] definiert. Als Ergebnis der *Dialektik der Aufklärung* radikalisiert sich dieser modernistische Bewußtseinsrahmen einerseits durch eine fortschreitende philosophische und naturwissenschaftliche Selbstaufklärung des Menschen über sich und seine Stellung in der Welt, andererseits durch die faktische Selbstdestruktivität des historischen Prozesses seit etwa Mitte des 19. Jahrhunderts. Diese Bewußtseinsentwicklung stellt sich dar als Entgötterung der Welt, als Dezentrierung des Menschen im Kosmos, in der Evolution der Natur und selbst gegenüber seiner inneren Natur und ihren Medien Sprache, Erkenntnis und Interaktion; schließlich als Verlust des Glaubens an die positive Geschichtsmächtigkeit und Fortschrittsfähigkeit.

Die Selbstinstallierung des neuzeitlichen Subjekts als Herr und Eigentümer der Natur und als rationalitätserzeugende „res cogitans" durch Descartes verliert ihre historische Geltung. Das gilt ebenso für den poietischen Subjektivismus, der die frühbürgerliche Gesellschaftstheorie –

insbesondere bei Hobbes – kennzeichnet und ihre Vertragstheorie begründet, die den revolutionären Anspruch auf das Herstellen von Geschichte und die Durchschaubarkeit und Kontrollierbarkeit des Selbstgemachten in der Gesellschaft formuliert:
„Philosophie hat bei den frühbürgerlichen Denkern den Charakter einer Haltung, die derjenigen entspricht, mit der jemand ans Werk geht. [...] Im Anfang der Neuzeit ist das Handwerkermodell [...] das subjektiv-poietische, das heißt, daß der Mensch als das Subjekt seines Machens gedacht ist [...]. Es ist das Denken in der Situation des Menschen, dem die Welt zum Material wurde, dem er jetzt gegenübersteht als derjenige, der Ordnung selbst entwerfen, machen und durchhalten muß. [...] Die Autonomie des bürgerlichen Denkens ist spontan, ist Autonomie des Machens und Herstellens, seine Rationalität ist die des Herstellens und Konstruierens, die Grundhaltung ist poietischer Subjektivismus."[3]

Dieses cartesianische Rationalitätsprogramm der Naturbeherrschung und den geschichtsoptimistischen Anspruch des Subjekts, sich seine Welt selbst herzustellen, ordnet Eisenman dem humanistischen Anthropozentrismus zu, der spätestens im 19. Jahrhundert durch eine „Verlagerung des Menschen aus dem Zentrum seiner Welt"[4] unterminiert wird. Als entscheidende Konsequenz dieser Dezentrierung erscheint Eisenman, daß der Mensch von nun an „nicht länger als *erzeugend Handelnder* angesehen" werden kann.[5] Wir haben es hier mit einem epochalen kulturellen Bruch zu tun, durch welchen das Konzept des poietischen Subjekts sich auflöst, das in zentraler Position eine von ihm rational geordnete und transparente Welt beherrscht. Die Erfahrung des Unverfügbaren, Entgleitenden, Opaken, Verdinglichten, die sowohl das Außen als auch Innen betrifft, führt, Eisenman zufolge, zu einer veränderten Konzeptionierung des Verhältnisses des Menschen zu den Objekten. Eisenman nennt diese veränderte Haltung die „modernistische Sensibilität"[6] oder, verkürzt, den „Modernismus":

„Modernism is a state of mind. It describes the change that took place sometime in the nineteenth century in man's attitude towards his physical world and its artifacts [...]. It can be interpreted as a critique of the formerly humanist, anthropocentric attitude, which viewed man as an all-powerful, all-rational being at the center of his physical world."[7] Festzuhalten ist, daß Eisenman tatsächlich von „Modernismus", nicht von „Moderne" spricht.

Ob man den Beginn der Moderne im 16. oder 18. Jahrhundert ansetzt – Horkheimer/Adorno ließen die Aufklärung mit Odysseus beginnen –:

kein Historiker käme auf die Idee, die Geburtsstunde der Moderne im 19. Jahrhundert zu vermuten. Dies tut auch Eisenman nicht. Der Modernismus ist für ihn eine Reflexionsform der Dezentrierung des Subjekts, deren Belege er – abgesehen von den geistesgeschichtlichen Großereignissen Darwin, Nietzsche und Freud – vor allem in der künstlerischen Moderne seit Baudelaire findet. Er sieht sie also gerade nicht in der Architektur, die, so seine These, bis in die Gegenwart von der Metaphysik des Humanismus beherrscht wird und umgekehrt als Realsymbol des Realen das ideologische Scheinbild einer längst zerbrochenen Wirklichkeit reproduziert und eine authentische Erfahrung und Verarbeitung des dezentrierten und an seiner Dezentrierung auch leidenden Subjekts verweigert.

Eisenman beklagt, „daß die Architektur nie eine angemessene Theorie der Moderne besaß, verstanden als ein Vorstellungsgefüge, das sich mit der inneren Unsicherheit und Entfremdung des modernen Lebens befaßt"[8]. Seine Arbeit ist seit Mitte der siebziger Jahre dem Versuch gewidmet, einer in diesem Sinne angemessenen Theorie der Moderne näherzukommen. Seine erste skizzenhafte Formulierung findet dieses Theorieprogramm in seinem Aufsatz *Post-Functionalism* von 1976; in der architektonischen Praxis bereitet die Projektarbeit an House X (1975–1978) den Umschlag in Eisenmans eigener Werkgeschichte vor, „a move away from certainty and rationalism"[9]: „My houses are ideological in the sense that they deny the anthropocentricity of man. [...] My houses make a commentary on the loss of center. [...] Man's conception of the world is no longer anthropocentric as it is no longer theocentric."[10]

Der Verlust des Zentrums ist gleichbedeutend mit einer radikalen Veränderung des Begriffs des Wissens und des Wißbaren. Das Weltgefühl des aus dem Zentrum gestürzten Subjekts wird konstituiert durch eine fundamentale Ungewißheit und Ungesicherheit, Entfremdung, ja existentielle Angst.[11] Die entleerte geschichtliche Zeit birgt in Eisenmans Sicht weder eine Erinnerung an eine bessere Vergangenheit noch den Traum von einer besseren Zukunft. Sie ist zusammengeschrumpft auf die Dimension des Überlebens: „Man now lives in this in extremis condition."[12] Eine wahrhaft zeitgenössische Architektur habe von dieser „in extremis condition" auszugehen und ihr Ausdruck zu verleihen. Sie kompensiere die existentielle Unbehaustheit nicht durch einen falschen Schein fugen- und bruchloser Stabilität. Sie spiegele dem Ich keine harmonische Ganzheit vor, sondern befreie es zu seiner Nichtidentität, Dissonanz und Bodenlosigkeit.

Eine Architekturkritik, die notwendigerweise auf das Weltbild der Architekten fixiert ist, hat mit der Sicht Peter Eisenmans Schwierigkeiten. So erkennt zwar Charles Jencks, wie stark sich Eisenman auf die Entwicklung der modernen Kunst stützt, hält ihn aber nur für einen modernistischen Nihilisten und reiht ihn in eine Traditionslinie „nihilistischen Schreibens" ein, die von Mallarmé, T. S. Eliot, den Surrealisten, Sartre, Ionesco, Robbe-Grillet, Burroughs bis Beckett reicht.[13] Eisenmans Bezugnahme auf ästhetische Tendenzen des Ungegenständlichen, Nicht-Narrativen, A-Temporalen und A-Tonalen[14] erscheint ihm als einseitig verzerrte Parteinahme für das Destruktive. Jencks übersieht, daß das Dissonantische in unüberholbarer Weise zur Grundbestimmung des Ästhetischen als Reflexionsform der Moderne wurde, die in Hegels Ästhetik ihre philosophische Formulierung gefunden hat. Nach Hegel wird die ungebundene Darstellung der Nichtidentität von Subjektivität und Objektivität zum Signum der Kunst der Moderne: „Die Kunst als liebliche Verschönerung des Daseins ist in der Französischen Revolution zugrundegegangen und konnte nie wieder erneuert werden. Im 19. und 20. Jahrhundert ist das Thema aller großen Kunst die Demaskierung der gesellschaftlichen Lüge; ihr Formgesetz heißt nicht Harmonie, sondern Dissonanz."[15] Der Roman ist seit Cervantes die literarische Reflexionsform des Verlustes einer geschlossenen Lebenstotalität. Konstitutiv für den Roman ist, wie Lukács gezeigt hat, „ein Ausdruck der transzendentalen Obdachlosigkeit"[16]. Wenn Lukács als Zentralproblem der Romanform „die künstlerische Abrechnung mit den geschlossen-totalen Formen, die aus einer in sich abgerundeten Seinstotalität entsteigen, mit jeder in sich immanent vollendeten Formenwelt" definiert[17], dann wird man ohne allzu große Gewaltsamkeit Parallelen zu Eisenmans Kritik der Metaphysik der Architektur entdecken, insbesondere wenn es in bezug auf den Roman heißt: „Alle Risse und Abgründe, die die geschichtliche Situation in sich trägt, müssen in die Gestaltung einbezogen und können und sollen nicht mit Mitteln der Komposition verdeckt werden."[18]

Hugo Friedrichs immer noch grundlegende Untersuchung zur Struktur der modernen Lyrik seit Baudelaire kann diesen Befund nur bestätigen: „Dissonantische Spannung ist das Ziel moderner Künste überhaupt."[19] Nicht hehre Idealisierung, romantische Gemütsinnigkeit und heilender Trost bestimmen die moderne Lyrik, sondern: „Desorientierung, Auflösung des Geläufigen, eingebüßte Ordnung, Inkohärenz, Fragmentarismus, Umkehrarbeit, Reihungsstil, entpoetisierte Poesie, Zerstörungsblitze, schneidende Bilder, brutale Plötzlichkeit, Dislozieren, astigmatische Sehweise, Verfremdung."[20]

Und auch von der Analyse des Formgesetzes der modernen Lyrik sind die Übergangsmöglichkeiten zur Anwendung der Struktur der ästhetischen Moderne auf die Architektur nicht allzu schwer zu erkennen: „Nach einer an der romantischen Poesie abgelesenen (und sehr zu Unrecht verallgemeinerten) Bestimmung gilt Lyrik vielfach als die Sprache des Gemüts, der persönlichen Seele. Der Begriff des Gemüts deutet auf Entspannung durch Einkehr ins Vertraute, in einen seelischen Wohnraum, den auch der Einsamste mit allen teilt, die zu fühlen vermögen. Eben diese kommunikative Wohnlichkeit ist im zeitgenössischen Gedicht vermieden."[21] Diese kommunikative Wohnlichkeit und Vertrautheit stellt Eisenman bereits in seinen frühen Wohnhäusern radikal in Frage, so daß sie einem Kritiker wie Jencks als fast unbenutzbar und geradezu anti-funktional vorkommen. Sie nehmen – allerdings ohne den späteren komplexeren kulturellen Horizont – Eisenmans Frage vorweg, was Behausung, was die von Architektur zu schaffende schützende Hülle („shelter") in einer Welt „in extremis" bedeuten kann. Daß Eisenman auf diese Frage nicht länger die Antwort der Renaissance oder, wie er sagen würde, des anthropozentrischen Humanismus geben kann: eine harmonische Architektur für einen harmonischen Menschen in einem harmonischen Kosmos – das weist seinen Ansatz nicht als nihilistisch aus, sondern als Versuch, den geschichtlichen und formalen Reflexionsstand der ästhetischen Moderne für die Architektur nachzuholen.

Die von Eisenman diagnostizierte Verlagerung des Menschen aus dem Zentrum seiner Welt führt nicht allein zu einer gebrochenen, dissonantischen Grundstruktur der „modernistischen Sensibilität", sondern zu einem veränderten Verhältnis zur Welt der Objekte. Diese entwinden sich der Beherrschung und Bedeutungsgebung durch den Menschen und stehen dem Subjekt eigenmächtig, fremd und schweigend gegenüber, „distinct from man": „In the end modernism made it possible for objects to be released from their role of ‚speaking for man', to be able to ‚speak for themselves', of their own objecthood."[22]

Eisenman nennt dieses „schweigende Objekt" autonom und selbstreferentiell[23]. Dies hat Folgen für den künstlerischen Produktionsprozeß bzw. den architektonischen Entwurfsvorgang; denn der Künstler/Entwerfer büßt zwangsläufig seine auktoriale Rolle als zentraler Sinn- und

Strukturerzeuger ein und löst den Entstehungsprozeß des Werkes aus dem Ableitungssystem eines vorgefaßten Plans. Zugleich ist die Autonomie des Objekts nichts Vorgefundenes, sondern Ergebnis eines Herstellungsprozesses: „The result is an attempt to free the house of acculturated meaning whether traditional or modern. When conventions and external referents are stripped from an object, the only referent remaining is the object itself."[24] Dieser Abstraktionsvorgang, abgenutzte Konventionsbestände durch verfremdende, dislozierende und reduktive Verfahren abzutragen, um auf diese Weise ein neues Sehen zu ermöglichen, das, emphatischer formuliert, eine „Wiederherstellung der Integrität der Dinge"[25] durch fremdmachende Ausstellung ihrer Dinghaftigkeit intendiert (wie in bezug auf den französischen Schriftsteller Francis Ponge gesagt wurde), gehört ebenfalls zum Grundrepertoire der ästhetischen Moderne. Jencks verkennt dagegen, daß Eisenman sich durch seine Thesen vom Ende der Utopien und des humanistischen Anthropozentrismus *nicht* zu einem totalen Sinnlosigkeitsverdacht führen läßt, der jede Handlungs- und Lebensmotivation untergraben würde. Jencks Eisenman-Interpretation mündet in die Frage: „Why build in a meaningless world – why not destroy?"[26] Da diese Frage angesichts der Tatsache, daß Eisenman wirklich baut, nicht schlicht eine analytische Hilflosigkeit ausdrükken soll, sieht sich Jencks gezwungen zu unterstellen, daß für Eisenman Bauen und Zerstören tendenziell ineins fallen, daß Eisenmans Architektur nichts als ein destruktiver Akt ist, eine gebaute Widerspiegelung einer sinnlosen Welt, ein Errichten von Tempeln für einen abwesenden Gott.[27]

Jencks übersieht dabei, wie stark in Eisenmans Denken die Parteinahme für das „für sich sprechende", „vom Menschen unabhängige", „autonome" Objekt mit der Perspektive eines Neuen verknüpft ist, wie sie in typischer Weise etwa von Sartre in seinem Aufsatz über Ponge, *Der Mensch und die Dinge*, ausgedrückt wird: „So muß die Revolution der Sprache, wenn sie vollständig sein soll, mit einer Neuorientierung der Aufmerksamkeit zusammengehen: die Rede muß ihrem gängigen Gebrauch entrissen werden, unser Blick sich neuen Gegenständen zuwenden."[28]

Wie dieses Neue bei Eisenman bestimmt werden kann, wenn es nicht nur das Nächste in einer homogenen und leeren Reihe des Immergleichen sein soll, bleibt zu untersuchen. Eisenman selbst gibt durch seine Analyse vor, daß die post-anthropozentrische Konstellation von Subjekt und Objekt keineswegs nur eine Verlusterfahrung markiert, sondern eher die Bedingungen der Möglichkeit eines Neuen als Potential enthält.

In dem Verfahren der Ausstellung eines „schweigenden Objekts", entkonventionalisiert und „dinstinct from man", autonom und selbstreferentiell, vollzieht Eisenman in erstaunlicher Parallelität den ästhetischen Grundgestus des französischen Nouveau Roman der sechziger Jahre nach, wie er in den programmatischen Schriften vor allem Alain Robbe-Grillets seinen Ausdruck gefunden hat.

Auch Robbe-Grillets Ausgangspunkt ist die Erkenntnis der Depotenzierung und Dezentrierung des Menschen seit dem 19. Jahrhundert: „Der Mensch war der Grund aller Dinge, der Schlüssel zum Universum und dessen natürlicher Herr von Gottes Gnaden. Von all dem ist heute nicht mehr viel übrig."[29] Robbe-Grillet lehnt das Vokabular des traditionellen Humanismus ab, das die Dinge in eine anthropomorphe und subjektzentrierte Deutungsordnung zwingt. „Wir sehen die Welt nicht mehr als unser Gut oder unser Privateigentum, als etwas Zähmbares an"[30], vielmehr wird in einer Art „écriture objective" der Abstand zu den Dingen durch ihre re-objektivierende Beschreibung hergestellt: „Die Dinge beschreiben heißt nämlich, sich entschlossen aus ihnen heraushalten, sich ihnen gegenüberstellen. Es handelt sich nicht mehr darum, sie sich anzueignen oder das Geringste auf sie zu übertragen. [...] Wie der Arbeiter, der den Hammer, den er nicht mehr braucht, niedergelegt hat, befinden wir uns wieder einmal den Dingen gegenüber. Diese Oberfläche beschreiben ist also nur: diese Äußerlichkeit und diese Unabhängigkeit dahinstellen."[31] Robbe-Grillet versucht, die Gegenstände aus ihrer dienenden Rolle im Roman zu befreien, die ihnen vorschreibt, Bedeutungsträger und Seelenspiegel im narrativen Handlungsgefüge zu sein. Die photographisch-filmische Beschreibung zeigt die Dinge in ihrem stummen, opaken Gegebensein, ohne daß ihnen ordnungs- und sinnstiftende Erzählfunktionen zukämen: „Der etwas ungewöhnliche Anblick dieser ‚wiedergegebenen' Welt offenbart uns zur selben Zeit den ungewöhnlichen Charakter der uns umgebenden Welt: sie ist eine ungewöhnliche Welt, insofern sie es ablehnt, unseren Gewohnheiten und unserer Ordnung sich zu unterwerfen. An Stelle dieses Universums der ‚Bedeutungen' (sowohl psychologischer als auch sozialer und funktioneller Art) sollte man vielmehr versuchen, eine festere und unmittelbarere Welt zu bauen. Erst sollen Gegenstände und Gebärden durch ihre Gegenwart ihre Existenz beweisen, es soll dieses ständige Hiersein vorherrschen, über jede erklärende Theorie hinaus, die es versuchen würde, sie in irgendein Bezugssystem, sei es sentimental, soziologisch, freudisch, metaphysisch, einzusperren."[32] Die aus den konventionellen Bezugssystemen entfernten Dinge fügen sich der klassischen Balzacschen Erzählordnung nicht mehr, „in welcher der Mensch Herr war"[32]; ebensowenig wie Eisenmans selbstreferentielle architektonische Objekte sich zu einer palladianischen Villa fügen ließen: „Alle technischen Elemente des Erzählens – systematischer Gebrauch der Erzählvergangenheit und der dritten Person, bedingungslose Annahme des chronologischen Ablaufs, linear verlaufende Handlungen, gleichförmige Kurve der Leidenschaften, Spannung jeder Episode nach dem Ende zu usw. – zielten darauf ab, das Bild von einer stabilen, kohärenten, kontinuierlichen, eindeutigen, voll und ganz entzifferbaren Welt durchzusetzen. Als die Intelligibilität der Welt nicht in Frage stand, war Erzählen kein Problem. Die Schreibweise konnte unschuldig sein. Doch schon bei Flaubert beginnt alles ins Wanken zu geraten. Hundert Jahre später ist das ganze System nur noch eine Erinnerung."[34] Genau diesen Reflexionsprozeß hat die Architektur, so Eisenman, bisher nicht wirklich mitvollzogen. Auch die Architektur der Gegenwart schreibt noch Balzacsche Romane.

Die Vorstellung vom autonomen, selbstreferentiellen Objekt, reduziert auf sein Objektsein quasi als Essenz und damit Grundlage einer voraussetzungslosen, nicht prädeterminierten „Architektur an sich", gibt Eisenman in der zweiten Hälfte der siebziger Jahre auf. Im Zuge einer Beschäftigung mit Derridas Kritik des Logozentrismus erkennt Eisenman, daß die Idee eines essentiellen Objekts, das nach einer Reihe semantischer Reduktionen „als solches" isolierbar ist und damit in seiner Präsenz gegeben ist, gerade jener Metaphysik des Zentrums angehört, die er überwinden wollte. Im Anschluß an Derrida wendet sich Eisenman nun dem Konzept des zerstreuten „textuellen" Phänomenfeldes zu, das in seinen gegenstandskonstituierenden und bedeutungsgebenden Relationen unabschließbar und von keinem Zentrum aus („Sinn", „Autor", „Objekt") zu beherrschen ist. An die Stelle des autonomen Objekts und der „Architektur an sich" tritt eine textuelle Architektur.[35] Ich bin an anderer Stelle auf den hier zugrundegelegten Textbegriff eingegangen[36].

Innerhalb eines nun poststrukturalistisch beeinflußten Theorierahmens formuliert Eisenman seine grundlegenden Thesen vom Sturz des anthropozentrischen Humanismus neu, ohne sie abzumildern oder gar aufzugeben. Dennoch spielt der Poststrukturalismus in Eisenmans Denken eine nur begrenzte Rolle, was häufig übersehen wird. Dies wird deutlich an zwei wichtigen Texten vom Ende der achtziger Jahre, die auch auf deutsch vorliegen: „Die Blaue Linie" und „En Terror Firma: Auf den Spuren des Grotextes (Grotesken)."[37]

Eisenman stellt seinem Text zu House X, der 1982 erschien, aber im wesentlichen bereits Mitte der 70er Jahre konzipiert wurde, als Motto den Satz von Samuel Beckett voran: „The kind of work I do is one in which I'm not the master of my material."[38]

Beckett gibt damit genau jener Depotenzierung des Subjekts/Autors Ausdruck, die Eisenman als modernistisch bezeichnet. Eisenman schließt an Becketts „no master of my material" in dem genannten Text eine ausführliche Explikation der De-auktorialisierung des Entwurfsprozesses an. Zugleich behält die Depotenzierungsthese jene grundsätzlichere kulturanalytische Bedeutung, die wir bereits kennen. Eisenman nimmt sie in „En Terror Firma" wieder auf, indem er nun das geschichtliche Verhältnis des Menschen zur Natur (und nicht wie bisher zu den „Objekten") kritisch thematisiert. Eisenmans Kritik am Anthropozentrismus und dessen unreflektierter Manifestation in der Architektur – wenn man so will: post festum, wen nicht posthum – formuliert sich jetzt als Kritik einer Form der geschichtlichen Naturbeherrschung, die die „Überwindung der Natur"[39] zum Ziel hat. Diese Überwindung der Natur tendiert gerade dahin, die Natur in ihrer Unverfügbarkeit, in ihrem Objektstatus „distinct from man" aufzuzehren. Vicos Satz „Wir können nur verstehen, was wir selbst gemacht haben" wird durch Kants Zuspitzung als zweite kopernikanische Wende zum Programm dieser Überwindung der Natur durch Tilgung und Unterwerfung des nicht vom Menschen Gemachten. Die Erkenntnis, daß dieser großangelegte Versuch, einen tautologischen Immanenzzusammenhang zu stiften, der kein Draußen und kein Unbekanntes duldet, ein Repressionsakt nicht nur an der äußeren, sondern – und dies ist entscheidend – ebenso an der inneren Natur ist, die verleugnet und unterdrückt wird, verbindet sich in der Philosophie mit den Namen Nietzsche, Freud, Heidegger und Adorno. Der Akt der Unterdrückung hat zugleich eine auch selbstdestruktive Illusionsbildung zur Folge, die sich auf allen Ebenen durch die Wiederkehr des Verdrängten rächt. In der „Geburt der Tragödie" skizziert Nietzsche eine Frühgeschichte der naturbeherrschenden Rationalität, in welcher Sokrates als Urbild des theoretischen Optimisten erscheint, dessen Glauben an die unbegrenzte Ergründlichkeit der Natur der Dinge nicht nur Wissenschaft stiftet, sondern damit das Interesse an restloser technischer Verfügung über Natur aufrichtet. Nietzsche erscheint dieser Erkenntnisgestus als „tiefsinnige Wahnvorstellung"[40], die immer dort an die Grenze ihres Scheiterns treibt, wo in die Strukturen der formbildenden sokratischen Vernunft die Kräfte des Formauflösenden einbrechen, des Dionysischen, die den Schein der wissenschaftlichen Identitätskonstruktion der Natur und des naturbeherrschenden und damit sich nicht minder selbst unterwerfenden Ich brechen. In dieser mimetischen Erfahrung kommt es zu einer Präsenz der Natur oder des anderen der Vernunft, die – obgleich ästhetisch – sich weder der Kategorie des Schönen fügt noch gänzlich unriskant ist.

Genau um ein solches Präsentmachen einer riskanten Natur[41], eines anderen, das in seiner Andersheit, Fremdheit und Unverfügbarkeit Angst und Furcht auslöst, geht es heute bei Eisenman. Er greift dabei auf die ästhetischen Kategorien des Erhabenen und des Grotesken zurück, die ihm in besonderer Weise geeignet erscheinen, die gebrochene und widersprüchliche „Bewegung zwischen Selbst und Natur"[42] auszumessen und zum Ausdruck zu bringen. Eisenman hebt hervor, daß unsere Vorstellungen vom Grotesken und Erhabenen neu entwickelt werden müssen, so daß es zu einer „Distanz zwischen Objekt und Subjekt", einer „Manifestation des Ungewissen im Physikalischen", einer „Unmöglichkeit des Besitzens" kommt, die die „mit dem Natürlichen assoziierte Furcht"[43] bewahrt. Ästhetisch stehen das Furchteinflößende, Distanzierende, Ungewisse dem Schönen nicht einfach als Gegenbild gegenüber, sondern treten gleichzeitig auf und vermitteln sich als Momente einer spannungsgeladenen Gesamterfahrung, die im 18. Jahrhundert vor allem anhand der Kategorien des Grotesken und Erhabenen als vermischte Empfindung diskutiert wurde. Das Erhabene, so Eisenman, „ist eine Kategorie des Ungewissen, des Nicht-Präsenten, des Nicht-Physikalischen; zusammengenommen ergeben diese Aspekte eine Kategorie, die an das Schaudererregende rührt, eine Kategorie, die innerhalb des Erhabenen liegt."[44] Entscheidend ist die Zurückweisung einer antinomischen Gegensätzlichkeit des Schönen und des Häßlichen, des Angenehmen und des Schrecklichen. Vielmehr sucht Eisenman nach ästhetischen Modellen, die zeigen, „daß das Häßliche, das Unförmige, das vermutlich Unnatürliche als stets gegenwärtiges Element im Schönen vorhanden ist." Und den Bezug zur Architektur herstellend, fährt er fort: „Eben diese Kategorie des stets Vorhandenen oder des schon Inbegriffenen versucht das Schöne in der Architektur zu unterdrücken. [...] Es würde daraus folgen, daß der Begriff des Hauses oder irgendeiner sonstigen Form der Raumbesetzung eine komplexere Form des Schönen, die das Häßliche beeinhaltet, oder eine Rationalität, die das Irrationale enthält, verlangen würde."[45]

Tatsächlich bricht im Laufe des 18. Jahrhunderts eine Ästhetik „der ausgehaltenen Widersprüche"[46] in das Territorium des Guten und Schönen ein, der Erfahrung Ausdruck gebend, daß auch der Schrecken eine

Quelle der Lust sein kann. Nicht zuletzt sind es die Eindrücke einer wilden Natur – die Alpen und das Meer –, die zu jenem „delightful horror" und angenehmen Grauen Anlaß geben, das dann spätestens seit Mitte des Jahrhunderts zum ästhetischen Konzept des Erhabenen verdichtet wird.[47] Edmund Burke verbindet in seiner 1757 erschienenen Schrift „Vom Erhabenen und Schönen" das Erhabene mit dem Schrecken, der fähig ist, „einen machtvollen Eindruck auf das Gemüt zu machen": „Alles, was auf irgendeine Weise geeignet ist, die Ideen von Schmerz und Gefahr zu erregen, das heißt, alles, was irgendwie schrecklich ist oder mit schrecklichen Objekten in Beziehung steht oder in einer dem Schrecken ähnlichen Weise wirkt, ist eine Quelle des Erhabenen."[48] Kant faßt den Doppelaspekt der Wirkung des Erhabenen genauer, wenn er von der gleichzeitigen Anziehung und Abstoßung spricht, die auf das Gemüt wirkt, vom Ineinander von positiver und negativer Lust.[49]

Bei Kant verbindet sich mit dem Schrecken der Natur keine wirkliche Bedrohlichkeit mehr, im Gegenteil. Der Schrecken schlägt um in die Bestätigung der Überlegenheit des Menschen: „Die Verwunderung, die an Schreck grenzt, das Grausen und der heilige Schauer, welcher den Zuschauer bei dem Anblicke himmelansteigender Gebirgsmassen, tiefer Schlünde und darin tobender Gewässer, tiefbeschatteter, zum schwermütigen Nachdenken einladender Einöden usw. ergreift, ist, bei der Sicherheit, worin er sich weiß, nicht wirkliche Furcht, sondern nur ein Versuch, uns mit der Einbildungskraft darauf einzulassen, um die Macht ebendesselben Vermögens zu fühlen, die dadurch erregte Bewegung des Gemüts mit dem Ruhestande desselben zu verbinden, und so der Natur in uns selbst, mithin auch der außer uns [...] überlegen zu sein."[50] Wenn als erhaben das Gewaltige, Chaotische, Regel- und Formlose, das Nicht-Schöne empfunden wird, dann bleibt auch bei Kant jedenfalls auf der Erscheinungsebene ein Naturbegriff wirksam, der das Fremde, das Nicht-Faßbare und das Überwältigende an der Natur stehen läßt – allerdings immer von einer sicheren Position aus. Es ist der Fortschritt der realen Naturbeherrschung, der die Erfahrung des Schreckens der Natur als gleichzeitig angenehme ermöglicht. Die wilde, nicht unterworfene Natur hat gerade als verschwindende Konjunktur. Im Erhabenen des 18. Jahrhunderts, und dies trifft vor allem auf seine philosophisch anspruchsvollste Konzeption bei Kant zu, artikuliert sich daher keine Alternative zur herrschaftlichen Naturaneignung, zur, wie Eisenman sagen würde, anthropozentrischen Verfügung über das Objekt, sondern im Gegenteil eine „subjektive Entmachtung der Natur"[51]. Der Schrecken eines unendlichen Alls und der unwirtlichen Zonen der Erde, die auch immer Räume der Angst waren, wird im Erhabenen domestiziert. Das Erhabene ist Indiz fortgeschrittener Naturbeherrschung, die – sich selbst bestätigend – sich ihres unaufhaltsamen Fortschreitens sicher ist.[52] So hebt sich das Konzept des Erhabenen im realgeschichtlichen Zuge dieses Fortschreitens als ästhetische Kategorie denn auch auf. Im 19. Jahrhundert radikalisiert sich im Zuge der sprunghaften Expansion der industriellen Produktion der instrumentell-technische Umgang mit Natur, der diese auf ihren nackten Material- und Energiewert und damit auf einen Gegenstand der Indienstnahme, Ausbeutung und Kontrolle reduziert. Komplementär dazu kommt es in der nach-romantischen Kunst der Moderne spätestens seit Baudelaire zu einer radikalen Abwertung des Natürlichen und einer Aufwertung des Artifiziellen, wie Hans Robert Jauß in seiner Untersuchung über die Ursprünge der Naturfeindschaft in der Ästhetik der Moderne gezeigt hat.[53]

Nachdem der Begriff des Erhabenen für mehr als einhundertfünfzig Jahre in die Bedeutungslosigkeit zurückgetreten war, erleben wir seit den frühen 80er Jahren seine Renaissance, die, nicht zuletzt durch die philosophische Postmoderne-Diskussion veranlaßt und nicht zufällig von Jean-François Lyotard, einem ihrer Protagonisten, mitgetragen, gerade von einer Kritik der neuzeitlichen Rationalität und ihres Totalitätsanspruches ausgeht.[54] Das Erhabene wird dabei allerdings – in Entgegensetzung zu Kant – als Erfahrung des Unverfügbaren und Unfaßlichen verstanden. Im Erhabenen restituiert sich ästhetisch auf nicht subjektzentrierte Weise ein Anderes der Vernunft. Eisenman knüpft an genau diese Neuinterpretation des Erhabenen an. Ihr historisches Charakteristikum ist, daß sie eben nicht schlicht antinomisch eine Regression ins Irrationale und Begriffslose propagiert, sondern mit der Kritik an der Verabsolutierung einer instrumentellen Subjektivität – Aufklärung nicht revozierend, sondern fortschreibend – einen Zuwachs an Freiheit und Gewaltlosigkeit für das Subjekt gegenüber seinem Anderen und damit gegenüber sich selbst und seiner eigenen inneren Natur herstellen will: Anerkennung von Unverfügbarkeit aus Freiheit.[55] In diesem Sinne hat als erster Adorno bereits 1970 in seiner großangelegten *Ästhetischen Theorie* das Erhabene als eine das Herrschaftsgefüge der instrumentellen Rationalität demontierende und damit gleichzeitig befreiende Erfahrung wieder zu einem Grundbegriff der Ästhetik der Gegenwart gemacht.

Adorno traute es nur der Kunst zu, Erfahrungen „gegen das Subjekt", Erfahrungen des Unverfügbaren zu machen. Auch Lyotard erläutert das Erhabene an Bildern des amerikanischen Malers Barnett Newman. Für

Kant dagegen war das Erhabene nicht eine Erfahrung von Kunstwerken, sondern von Natur. Auch Eisenman führt das Erhabene als Reflexionsform des Verhältnisses zwischen Selbst und Natur ein. Heute kann sich keine Thematisierung des Verhältnisses Mensch-Natur der realgeschichtlichen Krisenerfahrung einer weltweiten Naturzerstörung entziehen. Eisenman geht auch in seiner historischen Analyse erstaunlicherweise auf diese Zusammenhänge an keiner Stelle ein. Tatsächlich könnte man das Erhabene im Rahmen einer ökologischen Naturästhetik diskutieren, und die Erfahrung des Erhabenen, wie Jauß es in Anlehnung an Blumenberg tut,[56] nicht als Nachahmung, sondern als Vorahmung der Natur verstehen, die in ein gewaltfreies Verhältnis zur Natur einführt. Aber selbst unter einer solchen Perspektive läßt sich die Erfahrung eines herrschaftsfreien Verhältnisses gegenüber dem Unverfügbaren heute und in absehbarer Zukunft weniger denn je an dem Gegenstandsbereich „Natur" machen, obgleich nach wie vor die Natur als Inbegriff des nicht vom Menschen Gemachten gilt.

Sub spezie aeternitatis, d. h. im Rahmen der Gesamtevolution, sowohl des Unorganischen wie des organisch Lebendigen, bleibt der Befund der vom Menschen radikal absehenden Bewegungsformen der „Natur" von durchschlagender Wahrheit. Daß allerdings das, was wir, in einem lebensweltlichen Sinne erfahrbar, „Natur" im Unterschied zu dem vom Menschen Gemachten nennen, erhalten bleiben wird, läßt sich aus biologischer Sicht bezweifeln. Allein aufgrund des globalen Bevölkerungswachstums in den nächsten beiden Generationen auf 7, 8 oder sogar 10 Milliarden Menschen wird die Menschheit alle verfügbaren natürlichen Ressourcen in Anspruch nehmen müssen. Dazu gehört nicht zuletzt der Raum, sich mit Nahrung, Energie und Rohstoffen versorgen zu können. Diese restlose Inbesitznahme und Nutzbarmachung von Naturressourcen und Naturräumen läßt nicht nur endgültig jede unberührte Natur verschwinden, sie macht die historische Entgegensetzung von Natur und Geschichte, von Wildnis und Zivilisation, auch von Stadt und Natur tendentiell obsolet. Die lebendige Natur, so wie wir sie noch kennen, wird als für sich seiendes, eigenständiges, unverfügbares Gegenüber des Menschen ausgedient haben. Der Biologe Hubert Markl nennt dies den Übergang in das anthropozoische Zeitalter des Menschen, der mit dem Abschied vom neozoischen Zeitalter der „Natur" unabänderlich verbunden ist.[57] Diese Situationsdeutung steht in paradoxalem Kontrast zu all jenen Ansätzen – auch demjenigen Eisenmans –, die unterstellen, eine Überwindung des Anthropozentrismus sei aktuell (zumindest wenn man darunter ein Modell unserer gesellschaftlichen Praxis verstehen will). Im übrigen bewegen sich alle Modelle für einen ökologisch vernünftigen Umgang mit Natur notwendigerweise im Funktionskreis einer anthropozentrischen Naturaneignung – ohne ihren selbstgesetzten Zielsetzungen damit zu schaden. Die Redeweise von der Harmonie mit der Natur ist dabei einer notwendigen politischen Rhetorik zuzuordnen, nicht einer philosophischen oder naturwissenschaftlichen Argumentation. Das führt uns zu der grundsätzlichen Vermutung, daß es bei der Reaktualisierung des Erhabenen und der mit ihr verbundenen Kritik des Anthropozentrismus, wie es bei Eisenman der Fall ist, nicht um eine „vorahmende" Utopie eines im ökologischen Sinne gewaltfreien gesamtgesellschaftlichen Aneignungsverhältnisses der äußeren Natur geht.

Dennoch stützt sich auch Eisenman nach wie vor auf den Begriff der Natur als Chiffre des Unverfügbaren, Anderen, nicht vom Menschen Gemachten. Er weiß andererseits auch, daß die Erfahrung des in diesem Sinne Naturhaften nicht mehr an den Objektbereich Natur gebunden werden kann. Interessanterweise finden wir eine Bestätigung für ein solches Auseinandertreten von Natur und naturhafter Erfahrung in aktuellen Überlegungen zur Naturästhetik – einer Disziplin, die – nicht unähnlich dem Erhabenen – zu einem Zeitpunkt Konjunktur hat, in welchem, wie Markl es nennt, die Dämmerung der Natur einsetzt. Natur wird unter gegenwärtigen historischen Bedingungen der ästhetischen Erfahrung gerade in ihrer Differenz zur menschlichen Leistung virulent: „Es ist der Sinn der modernen ästhetischen Naturerfahrung, sich mit etwas zu konfrontieren, das in wesentlicher Hinsicht keiner Intention entsprungen ist."[58] Es ist nun entscheidend, daß diesen Sinn, Martin Seel zufolge, eben nicht allein die Natur, vorzugsweise die sogenannte „freie Natur", befriedigen kann, sondern auch und gerade – die „natürliche" Natur sogar überbietend – etwas vom Menschen selbst Gemachtes: der Raum der Stadt. Seel stützt sich hier auf eine grundlegende Erfahrung der ästhetischen Moderne des 19. Jahrhunderts, die die „Landschaft der Stadt" entdeckt und diese an die Stelle der als banal empfundenen Natur setzt. Stadt wird erfahren, *als wäre sie Natur*, als „zweite Natur". „Es gibt Städte", schreibt Seel, „in denen die erhabene Ortlosigkeit der reinen Raumbetrachtung ebenso stark erfahren werden kann wie draußen im wirklichen Dschungel."[59] Eine solche Wahrnehmung ist an die nicht per se gegebene Bedingung geknüpft, daß Stadt als intentionslos erscheint „wie Natur". Das Gemachte durchstreicht seine Faktur, die Manifestation geschichtlichen Sinns schlägt um – in zweite Natur.

Die Stadt als Stadt enthält also – dieser These zufolge – Erfahrungsräume, in denen das Subjekt nicht nur sich selbst begegnet. Es muß nicht Natur sein, sagt uns die Naturästhetik. Gerade an den quasi naturhaft auf ihre Dinghaftigkeit reduzierten eigenen Produkten kann das Subjekt solche Erfahrungen gegen sich machen.

Ein Modell einer wie Natur gesehenen Stadtlandschaft, die auch durchaus die „mit dem Natürlichen assoziierte Furcht" (Eisenman) auslösen kann, finden wir bei dem italienischen Maler de Chirico. Seine gemalten Stadträume – ich folge hier der Interpretation Wieland Schmieds – zeigen eine beunruhigende, ja erschreckende Leere, in welcher der Mensch am Rande oder disproportioniert winzig klein, in der Regel als Puppe oder steinernes Standbild erscheint inmitten einer stummen, rätselhaften Dingwelt.

Städtische Plätze und die sie begrenzenden Gebäude haben sich in eine undeutbare Fremdheit zurückgezogen. Die Welt der Artefakte ist in eine distante, kaum assimilierbare Erstarrung gerückt. Das Sinnkontinuum zwischen dem Produzenten und dem Produkt bricht ab. Das Gemachte steht als Nicht-Ich dem Menschen gegenüer. Indem die Welt ihr menschliches Maß einbüßt, erscheint sie wie Natur.[60] Tatsächlich wäre diesem Abbild einer Architektur zuzuschreiben, was Eisenman von einer nicht mehr anthropozentrischen zukünftigen Architektur erwartet: „This architecture would necessarily create anxiety and a distance, for it would no longer be under man's control."[61] De Chirico, einer der wichtigsten Wegbereiter des Surrealismus, setzt diese Erfahrung bildräumlich durch formale Mittel ins Werk. Der Betrachter wird verunsichert, getäuscht, irritiert. Nicht zu vereinbarende Perspektiven überlagern sich, Größenverhältnisse sind disproportioniert, das Raumkontinuum wird unterbrochen und inkohärent, Licht fällt von verschiedenen Seiten wie auf eine Bühne, in einem unerklärlichen Nebeneinander verlieren die Dinge ihre Eindeutigkeit.

Der Blick auf de Chiricos künstlerische Mittel macht deutlich, daß die Erfahrung von Unverfügbarkeit und Dezentrierung ästhetisch erst hergestellt werden muß.[62] Dabei ist der innere Bezug von Eisenmans Ansatz zu Piranesi noch offenkundiger, dessen Werk sowohl durch das Erhabene wie das Groteske im Kern bestimmt wird. Diese Verbindung ist bereits gesehen worden: „The eye is no longer at the center and is no longer trusted as an instrument of truth. A fundamental change in the perception of man's place in the world has occurred: In Piranesis prisons, man has lost his centrality in the universe."[63]

Piranesis künstlerische Wirkungsgeschichte bis in die Gegenwart ist grundiert durch die Deutung, insbesondere seine „Carceri" seien Chiffrierungen einer „vom Subjekt nur mehr scheinbar beherrschten Wirklichkeit", wie es Norbert Miller formuliert.[64] In der Ungeborgenheit der nach-kopernikanischen Welt konstruiert Piranesi labyrinthische und enigmatische Räume ohne Ende und ausmachbares Zentrum, in denen Größenverhältnisse und Perspektiven nicht bestimmbar sind. Allen konstruktiven oder funktionalen Ordnungsversuchen sich entziehend, vermitteln diese Raumdarstellungen vor allem den Eindruck des Undurchdringlichen, wie es Lars Gustafsson faßt.[65] In einer solchen Erfahrung des Undurchdringlich-Labyrinthischen, die alle Züge des Erhabenen trägt (allerdings in einer der Kantischen Version entgegengesetzten Fassung, die das Subjekt im Durchgang durch die Erfahrung des Erhabenen noch höher auf dessen Thron setzt) wird die Souveränität des Betrachters aufgehoben: „Die einheitliche Wahrnehmung ohne gegebenen Orientierungspunkt erweist sich als trügerisch, die Architektur des Erhabenen als gebautes Paradox, dessen Unvergleichlichkeit darin besteht, nach den vertrauten Gesetzen nicht entwirrbar zu sein.[66]"

Räumliche Verwirrung und Richtungsverlust, die sich beim Betrachter umsetzen in Desorientierung, Schwindelgefühl und Angst, werden – verdichtet zu dem Bildkomplex „unheimliche Architektur" – zu einem bestimmenden Handlungsmoment des mit Horace Walpoles „The Castle of Ortranto" (1764) begründeten englischen Schauerromans („Gothic Novel"), dessen starke Verwendung architekturaler Motive eindeutig durch Piranesis Carceri (1745–60) beeinflußt ist.[67] Typische Elemente der Schauerroman-Architektur sind unübersichtliche, düstere Hallen, gigantische Gewölbe, dämmerige Truppenfluchten, endlose enge Korridore und unterirdische Verließe. Vereinigt zum Bild des „haunted castle" als bevorzugter Schauplatz, reiht sich die „gothic novel" ein in das umfassendere „gothic revival" im England der zweiten Hälfte des 18. Jahrhunderts, das auch eine Abkehr vom klassizistischen Architekturideal, von palladianischer Harmonie und Proportion und damit von einer „humanistischen Architektur" beinhaltet: „Diese „humanistische Architekturmetapher" (...) entspringt einer Ideologie der Stabilität, dem Glauben des Klassizismus an Ordnung und Vernunft in den Bezirken der Gesellschaftsbeziehungen, der Kunst, der Politik und der psychisch-moralischen Konstitution des Menschen."[68] Die Vergleichbarkeit mit Eisenmans Kritik der humanistischen Architekturmetaphysik ist offenkundig. Im Unterschied zu Eisenman verwendet jedoch der englische Schauerroman die „Piranesi-Architektur" als Metapher, als Zeichen und Ausdruck einer inneren Befindlichkeit. Architektur wird, wie Christadler zeigt, hier zur Bewußtseins- und Seelenlandschaft. Angst und Orientierungslosigkeit finden literarisch Ausdruck und Darstellung, während Eisenman eindeutig wirkungsästhetisch argumentiert. Sich der in der literarischen Piranesi-Rezeption geleisteten Abkehr von Harmonie, Ordnung und Stabilität als Ideale der klassizistisch-humanistischen Architektur und deren kosmologischer Einbettung anschließend, arbeitet er andererseits durch seinen Begriff einer textuellen Architektur, der die zentrale Rolle des „Autors" und die Wiedergabe eines vorausliegenden, „präsenten" Sinnes gleichermaßen aus den Angeln hebt, einer Deutbarkeit der von ihm konzipierten Architektur als „Ausdruck" einer Persönlichkeit und ihrer psychischen Befindlichkeit oder als „Darstellung" bzw. „Abbildung" einer gesellschaftlichen Situation systematisch entgegen. Keineswegs ist es so, daß Eisenman die widerzuspiegelnden Gehalte einfach nur auswechselt, also Stabilität durch Instabilität, Harmonie durch Disharmonie, Ordnung durch Unordnung, „Palladio" durch „Piranesi" ersetzt. Sonst wären seine Gebäude allesamt „haunted castles", Vergegenständlichungen des Unheimlichen. Eisenman nimmt auf diese Zusammenhänge in seiner Diskussion des Erhabenen und Grotesken direkt bezug: „In Edgar Allan Poes ‚Tales of the Arabesque and the Grotesque' ist das Spukhaus ein zentrales Bild. Dies bedeutet nicht, daß wir echte Geisterhäuser bauen oder die Qualität des Gespenstischen romantisieren sollten. Es könnte eher ein poetisches Potential umreißen, eine Möglichkeit, die der Architektur des „Dazwischen" heute offensteht."[69]

Die neue Qualität im Verhältnis zum Objekt, das nicht länger der Kontrolle des Subjekts unterworfen ist, im Verhältnis zum Unverfügbaren und schlechthin Anderen in der äußeren und inneren Natur und ihren Hervorbringungen und Äußerungsformen liegt nicht im wiederum einsinnigen Seitenwechsel, im „Gespenstischen", sondern in den Streuzonen des „Dazwischen", welches das Eindeutige und seine Ausschließungen und Disjunktionen aufhebt: jenes entweder-oder, ja oder nein, real oder fiktiv, künstlich oder natürlich, hell oder dunkel, schön oder häßlich. Doch es geht Eisenman nicht um Vielfalt statt Eindeutigkeit, um Multivalenz statt Monovalenz, um das, was in konventioneller postmoderner Sprechweise Pluralität genannt wird oder was scheinradikal bei Venturi Komplexität und Widerspruch heißt.[70] Nicht nur verwendet Eisenman im Unterschied zu Venturi einen anderen, von Derrida beeinflußten Bedeutungsbegriff; wichtiger in diesem Zusammenhang ist, daß er das herkömmliche liberale Denken dadurch provoziert, daß er tendentiell zumindest das versöhnliche „Sowohl-als-auch" überschreitet und das Unschlichtbare, irreduzibel Andere und inkommensural Fremde in der Konstitution des menschlichen Welt- und Selbstverhältnisses mitdenkt. Diese Gleichzeitigkeit des Unverrechenbaren, ja Unaussöhnlichen thematisiert seine Architektur des Dazwischenseins, des „in between".

Nicht zufällig greift Eisenman dabei auf solche Kategorien der ästhetischen Praxis der Vergangenheit zurück, die eben diese dissonantische Gleichzeitigkeit transportieren. Das Erhabene ist bereits erwähnt worden. Eisenman nennt ebenfalls die barocke Sprachfigur der Katachrese[71], die als mißbräuchliche Vermischung nicht zusammenpassender Metaphern und gewollte Disharmonie definiert wird.[72] Eine besondere Bedeutung kommt darin der Kategorie des Grotesken zu.

Historisch geht der Begriff des Grotesken auf Ende des 15. Jahrhunderts bei der Ausgrabung römischer Paläste entdeckte Wandmalereien zurück (grotta-Grotte), die in phantastischer Ornamentik die Grenzen zwischen Pflanze, Tier und Mensch aufheben. Seit Beginn des 16. Jahrhunderts wird als „grotesk" die stilistische Nachahmung dieser römischen Ornamentik verstanden, die dann in der nachfolgenden europäischen Malerei (z. B. Bosch, Brueghel, Callot) sich vom Spielerischen zur Darstellung des Monströsen, Grausigen und Dämonischen entwickelt. Zum übergreifenden Charakteristikum des Grotesken wird die Nebeneinanderstellung des Gegensätzlichen und Unvereinbaren, in deren phantastischer Irregularität das Dämonische häufig vom Humoristischen und Karikaturhaften begleitet wird. In der Dichtung finden sich starke Merkmale des Grotesken insbesondere bei Shakespeare, im englischen Roman (Swift, Sterne), in der deutschen Romantik (E. T. A. Hoffmann), bei E. A. Poe und im 20. Jahrhundert bei zahlreichen Autoren, z. B. Kafka, Brecht, Dürrenmatt, Beckett.[73]

Vasari verwendet den Begriff „grotesk" nicht allein für die antiken Fresken und ihre Nachahmung, sondern benutzt ihn zur Beschreibung des neuen skulpturalen und architektonischen Stils, wie er durch Michelangelo entwickelt worden war.[74] Er setzt das Groteske, dabei Michelangelo unterstützend, in Gegensatz zur Vitruvtradition und deren zeitgenössischer humanistischer Ausprägung, deren Lehre von harmonischen Proportionen, klaren mathematischen Maßverhältnissen und einfachen geometrischen Grundformen einer platonisch begründeten Ontologie der Weltenharmonie entstammte. Was bei Vasari noch grotesk genannt wird, findet sich in der späteren Architekturgeschichtsschreibung unter dem Begriff „manieristisch" wieder. Auch Pevsner spricht in bezug auf die Medicikapelle S. Lorenzo in Florenz und die benachbarte Biblioteca Laurenziana von Michelangelo von „bewußter Dissonanz" und einer „Abwendung von dem klassischen Ideal einer glücklich ausgewogenen Harmonie": „Michelangelos Laurenziana ist in der Tat nicht ein Ausdruck des Barock, sondern des Manierismus, der hier seine höchste architektonische Verwirklichung gefunden hat. Wir erkennen in ihr die Gestaltung einer Dissonanz ohne Ausweg, eines Ringens ohne Hoffnung auf Erlösung, eine Baukunst, die als Ausdruck vergeblichen Mühens weit tragischer ist als die der Barockzeit, welch letztere den Kampf zwischen Geist und Materie, zwischen Form und Unform stets mit dem triumphalen Sieg des geistigen und ordnenden Prinzips aufgelöst hat. In der Laurenziana scheint jede Kraft wie gelähmt, das Lastende hat kein Gewicht, das Stützende trägt nicht. Die elementaren Gesetze der organischen Funktionen haben hier ihre Bedeutung verloren. Es ist ein im höchsten Maße künstliches System, das nur durch die strengste Disziplin aufrecht erhalten wird."[75]

Wie bereits beim Erhabenen so wird auch hier deutlich, daß Eisenmans Rückgriff auf das Groteske keineswegs willkürlich ist, sondern folgerichtig in der Logik seiner Kritik der humanistischen Metaphysik der Architektur liegt.

In der kunstwissenschaftlichen Literatur zum Grotesken konkurrieren zwei Deutungen: während der einen Interpretation zufolge das Groteske in der Kunst der Ausdruck eben eines grotesken, ja absurden Weltzustandes ist,[76] entweder als ontologische Bilanz oder als historische Kritik verstanden, begreift ein anderer Ansatz das Groteske nicht als Aussage über eine entfremdete, von undurchschaubaren Mächten beherrschte Welt, sondern eher als eine ästhetische Erfahrung, die eine bestimmte Art der „Weltbegegnung" erst zuläßt, in der das Fremde und vielleicht auch tendentiell Verunsichernde und Beängstigende nicht sofort als das Unnatürliche, Irreale, Häßliche und Böse verboten und verdrängt wird.[77] In Wolfgang Kaysers bedeutender Studie stehen beide Aspekte unmittelbar nebeneinander. Während einerseits, Kayser zufolge, das Groteske die entfremdete Welt „ist", erkennt er, daß das Groteske unsere Wahrnehmung der Welt verwandelt, daß durch das ästhetisch Groteske die Welt erst fremd und unheimlich „wird"[78]. Auch bei Eisenman sind diese beiden Deutungsaspekte, wie wir gesehen haben, nicht klar voneinander zu trennen; sie überlagern sich.

Das Erhabene und das Groteske werden für Eisenman insofern aktuell, als sie die Erfahrung einer beunruhigenden Fremdheit ermöglichen und zulassen. Historisch ist dabei zu ergänzen, daß auch das Groteske im 17. Jahrhundert für die unbeherrschte, „fremde" Natur stand, insbesondere für den Motivkomplexe des wilden Waldes.[79] Eisenman verlagert jedoch jene beunruhigende Fremdheit aus dem Äußeren ins Innere. Die von ihm propagierte Herstellung eines veränderten Verhältnisses zum „Objekt" modelliert nicht so sehr ein „dezentriertes", d. h. gewaltfreies Verhältnis zur äußeren Natur und ist nicht primär als Ausdruck eines entfremdeten Individuums in einer verdinglichten, unbeherrschbaren historischen Wirklichkeit zu verstehen. Vieles spricht eher dafür, Eisenmans Forderung, „das Irrationale im Rationalen" zuzulassen,[80] eine psychoanalytische Deutung zu geben. „Das andere, das ist mein (‚eigenes') Unbewußtes, mein unbewußtes (‚Eigenes')", schreibt Julia Kristeva in diesem Sinne in ihrer Interpretation von Freuds Aufsatz über das Unheimliche.[81] Eisenman geht es um einen anderen Umgang mit der inneren Natur, die sich als Verwobenheit von Ich und Nicht-Ich konstituiert, um eine Kritik der ich-zentrierten innerpsychischen Herrschaft und Repression. Er selbst gibt den biographischen Hinweis, daß seine persönliche Erfahrung mit der Psychoanalyse Ende der 70er Jahre entscheidend zum Wandel seines Denkens beigetragen habe.[82]

Die ersten, relativ direkt analogisierten Schritte auf der Suche nach dem Verdrängten sind in einigen Projekten vom Anfang der 80er Jahre zu finden, wo er das archäologische Motiv der Ausgrabung aufgreift. Mittlerweile ist es ihm gelungen, den psychoanalytischen Impuls in erheblich verfeinerter und komplexerer Form ins Architektonische zu transponieren. Für Eisenman gilt der Satz Kristevas: „Die Psychoanalyse erweist sich damit als eine Reise in die Fremdheit des anderen und meiner selbst, hin zu einer Ethik des Respekts für das Unversöhnbare."[83]

Die New Yorker Ausstellung über dekonstruktivistische Architektur im Sommer 1988 war ein Akt gezielter Fehlinformation. Das hat sich inzwischen herumgesprochen. Und in schöner Paradoxie wird mittlerweile allerorten verkündet, daß es mit dem Dekonstruktivismus – den es ja eigentlich gar nicht gibt – nun wohl schon wieder vorbei sei. Häme und die Erleichterung der Überforderten machen sich dabei bemerkbar, aber auch ein gelindes Bedauern. Denn verschaffte es nicht immer wieder einen beträchtlichen intellektuellen Distinktionsgewinn, in den Pausen der Preisgerichtssitzungen oder bei anderen name-dropping-events dem Dekonstruktivismus durch Aussprechen der Worte „Katastrophenforschung" und „Chaostheorie" sein Geheimnis zu entreißen? Die Wirkung war stets prompt, da sich der Begriff Chaostheorie auch ohne jede Vertrautheit mit dem Gegenstand vermeintlich selbst erklärt (Chaos!) und sich schon beim allerersten Blick auf die einschlägigen Dekon-Gebäude schlagend als zutreffend erweist.

Was aber für die sogenannten Dekonstruktivisten insgesamt gilt, das gilt für das Werk von Peter Eisenman, insbesondere seine Architekturtheorie im besonderen. Die bisherige deutsche Rezeption hat Eisenmans Schriften in ihrem architekturtheoretischen Zusammenhang noch gar nicht zur Kenntnis genommen. Das mag auch äußerliche Gründe haben, denn auch im Jahre 1992 liegt noch keine Sammelausgabe seiner Texte vor, weder auf englisch noch auf deutsch. Dies wird sich jetzt ändern; entsprechende Editionen in beiden Sprachen sind in Vorbereitung. So steht uns eine breite Auseinandersetzung mit dem Denken Peter Eisenmans erst noch bevor.

Anmerkungen

1. Peter Eisenman, Interview mit Charles Jencks, in: Charles Jencks: Die Neuen Modernen, Stuttgart 1990, S. 229
2. P. Eisenman, Aspects of Modernism: Maison Dom-ino and the Self-Referential Sign, in: Oppositions 15/16, 1979, S. 119
3. Bernard Willms, Revolution und Protest oder Glanz und Elend des bürgerlichen Subjekts, Stuttgart 1969, S. 28
4. P. Eisenman, Postfunktionalismus, in: Blomeyer/Tietze (Hrsg.): In Opposition zur Moderne, Braunschweig 1980, S. 100
5. Ebenda
6. Ebenda
7. P. Eisenman, Aspects of Modernism, a. a. O., S. 119
8. P. Eisenman, Die blaue Linie, in: Dekonstruktivismus, hrsg. von A. Papadakis, Stuttgart 1989, S. 150
9. P. Eisenman, Transformations, Decompositions and Critiques: House X, in: Peter Eisenman, House X, New York 1982, S. 36
10. P. Eisenman, zitiert in Gavin Macrae-Gibson, The Secret Life of Buildings. An American Mythology for Modern Architecture, Cambridge/London 1989, S. 38
11. P. Eisenman, Misreading P. E., in: Peter Eisenman, Houses of Cards, New York/Oxford 1987, S. 172 et passim
12. Ebenda
13. Charles Jencks, The Perennial Architectural Debate, in: Architectural Design Profile, London 1983, S. 13
14. Vgl. P. Eisenman, Postfunktionalismus, a. a. O., S. 100
15. Georg Picht, Kunst und Mythos, Stuttgart 1987, S. 65
16. Georg Lukács, Die Theorie des Romans, Neuwied 1971, S. 32
17. A. a. O. S. 11
18. A. a. O., S. 51
19. Hugo Friedrich, Die Struktur der modernen Lyrik. Von Baudelaire bis zur Gegenwart, Hamburg 1956, S. 10
20. A. a. O., S. 15
21. A. a. O., S. 11
22. P. Eisenman, The Graves of Modernism, in: Oppositions 12, 1978, S. 25
23. P. Eisenman, Aspects of Modernism, a. a. O., S. 119
24. P. Eisenman, Misreading, a. a. O., S. 172
25. Gerd Henninger, Spuren ins Offene. Essays über Literatur, München 1984, S. 117
26. C. Jencks: The Perennial..., a. a. O., S. 13
27. Ebenda
28. Jean Paul Sartre, Der Mensch und die Dinge, in: ders.: Der Mensch und die Dinge, Reinbek 1978, S. 113; vgl. zum Begriff des Neuen bei Eisenman auch Ullrich Schwarz, Peter Eisenman. Architektur für den Leser, in: Werk, Bauen und Wohnen, 10/1991, S. 50 ff
29. Alain Robbe-Grillet, Argumente für einen neuen Roman, München 1965, S. 89
30. a. a. O. S. 23
31. A. a. O. S. 74 f
32. A. a. O. S. 21
33. A. a. O. S. 89
34. A. a. O. S. 33

35 P. Eisenman, Misreading, a. a. O., S. 181 ff
36 Vgl. Ullrich Schwarz, Peter Eisenman, a. a. O.
37 Beide Texte sind enthalten in dem von A. Papadakis herausgegebenen Band Dekonstruktivismus, Stuttgart 1989
38 P. Eisenman, Transformations..., a. a. O., S. 33
39 P. Eisenman: En Terror Firma, a. a. O., S. 152
40 Friedrich Nietzsche, Die Geburt der Tragödie oder Griechentum und Pessimismus, in: Friedrich Nietzsche Werke, hrsg. von Karl Schlechta, Frankfurt a. M., Berlin, Wien 1972, Bd. I, S. 84
41 Vgl. Odo Marquard, Über einige Beziehungen zwischen Ästhetik und Therapeutik in der Philosophie des 19. Jahrhunderts, in: Materialien zu Schellings philosophischen Anfängen, hrsg. von M. Frank und G. Kurz, Frankfurt a. M. 1975, S. 341 ff
42 P. Eisenman, En Terror Firma, a. a. O., S. 153
43 Ebenda
44 A. a. O., S. 152, Übersetzung von mir verändert
45 A. a. O., S. 153
46 Odo Marquard, Transzendentaler Idealismus, Romantische Naturphilosophie, Psychoanalyse, Köln 1987, S. 186
47 Vgl. Carsten Zelle, „Angenehmes Grauen". Literaturhistorische Beiträge zur Ästhetik des Schrecklichen im achtzehnten Jahrhundert, Hamburg 1987; Christian Begemann, Furcht und Angst im Prozeß der Aufklärung. Zur Literatur und Bewußtseinsgeschichte des 18. Jahrhunderts, Frankfurt a. M. 1987; Hartmut Böhme/Gernot Böhme, Das Andere der Vernunft. Zur Entwicklung von Rationalitätsstrukturen am Beispiel Kants, Frankfurt a. M. 1983
48 Edmund Burke, Vom Erhabenen und Schönen, Hamburg 1980, S. 72
49 Immanuel Kant: Kritik der Urteilskraft, in: Kant-Werke in zehn Bänden, hrsg. von Wilhelm Weischedel, Darmstadt 1975, Bd. 8, S. 329
50 A. a. O., S. 359
51 C. Begemann, Furcht und Angst, a. a. O., S. 137
52 Vgl. Ullrich Schwarz, Das Exterritoriale im öffentlichen Raum, in: Experiment Freiraum, hrsg. von der Architektenkammer Berlin, Berlin 1991, S. 24 ff
53 Hans Robert Jauß, Ursprünge der Naturfeindschaft in der Ästhetik der Moderne, in: Vom Wandel des neuzeitlichen Naturbegriffs, hrsg. von H. D. Weber, Konstanz 1989, S. 207 ff
54 Vgl. Das Erhabene. Zwischen Grenzerfahrung und Größenwahn, hrsg. von Christine Pries, Weinheim 1989; Heft 487/488 der Zeitschrift Merkur, September/Oktober 1989; Rainer Piepmeier, Finis hominis? Postmoderne Philosophien und die Frage nach der Wissenschaft der Technik, in: Walther Ch. Zimmerli (Hrsg.), Technologisches Zeitalter oder Postmoderne, München 1988, S. 127 ff; Jean François Lyotard, Das Erhabene und die Avantgarde, in: Merkur 424, März 1984, S. 151 ff
55 Vgl. Piepmeier, Finis hominis, a. a. O., S. 150
56 Vgl. Jauß, Ursprünge der Naturfeindschaft, a. a. O., S. 222 ff
57 Hubert Markl, Natur als Kulturaufgabe, Stuttgart 1986, S. 316 ff
58 Martin Seel, Eine Ästhetik der Natur, Frankfurt a. M. 1991, S. 189
59 A. a. O., S. 86
60 Vgl. Wieland Schmied, De Chirico und sein Schatten. Metaphysische und surrealistische Tendenzen in der Kunst des 20. Jahrhunderts, München 1989
61 P. Eisenman, Misreading, a. a. O., S. 177
62 Vgl. Piepmeier, Finis hominis, a. a. O., S. 145
63 Macrae-Gibson, The Secret Life, a. a. O., S. 44

⁶⁴ Norbert Miller, Archäologie des Traums. Versuch über Giovanni Battista Piranesi, Frankfurt a. M./Berlin/Wien 1981, S. 12
⁶⁵ Lars Gustafsson, Über das Phantastische in der Literatur, in: ders.: Utopien, München 1970, S. 14
⁶⁶ Miller, a. a. O., S. 42 f
⁶⁷ Martin Christadler, Giovanni Battista Piranesi und die Architekturmetapher der Romantik, in: Miscellanea Anglo-Americana, Festschrift für Helmut Viebrock, München 1974, S. 78 ff
⁶⁸ M. Christadler, Piranesi, a. a. O., S. 94
⁶⁹ P. Eisenman, Blaue Linie, a. a. O., S. 151
⁷⁰ Siehe als Vergleich Eisenman – Venturi den Aufsatz von Geoff Bennington, Complexity without Contradiction in Architecture, in: AA files 15, Sommer 1987, S. 15 ff
⁷¹ P. Eisenman, Blaue Linie, a. a. O., S. 151
⁷² Gero von Wilpert, Sachwörterbuch der Literatur, Stuttgart 1964, S. 323, Stichwort Katachrese
⁷³ Zur Geschichte des Grotesken vgl. insbesondere Wolfgang Kayser, Das Groteske in Malerei und Dichtung, Reinbek 1960; Frances K. Barasch, The Grotesque. A Study in Meanings, The Hague/Paris 1971; Christian W. Thomsen, Das Groteske und die englische Literatur, Darmstadt 1977
⁷⁴ F. K. Barasch, The Grotesque, a. a. O., S. 24
⁷⁵ Nikolaus Pevsner, Europäische Architektur, München 1989, 7. Aufl., S. 229
⁷⁶ Vgl. W. Kayser, Das Groteske, a. a. O. und Arnold Heidsieck, Das Groteske und das Absurde im modernen Drama, Stuttgart/Berlin/Köln/Mainz 1969
⁷⁷ Vgl. Carl Pietzcker, zitiert bei Thomsen, Das Groteske, a. a. O., S. 192 ff
⁷⁸ Vgl. W. Kaiser, a. a. O., S. 136 ff
⁷⁹ Vgl. Rainer Lengeler, Tragische Wirklichkeit als groteske Verfremdung bei Shakespeare, Köln/ Graz 1964, S. 33
⁸⁰ P. Eisenman, Blaue Linien, a. a. O., S. 151
⁸¹ Julia Kristeva, Fremde sind wir uns selbst, Frankfurt a. M. 1990, S. 199
⁸² P. Eisenman, Interview, in: Deconstruction in Architecture, Architectural Design, Vol. 58, 1988, S. 50 f.
⁸³ J. Kristeva, a. a. O., S. 198

Friedrich Achleitner, geb. 1930, Studium bei Clemens Holzmeister und Konrad Wachsmann, 1953–58 freischaffender Architekt (Partnerschaft mit J. G. Gsteu), 1958–64 freier Schriftsteller, Mitglied der „wiener gruppe", „literarisches cabaret" mit Konrad Bayer, Gerhard Rühm und Oswald Wiener, 1962–72 Architekturkritiker der „PRESSE", 1963–83 Lehraufträge an der Akademie der bildenden Künste, ab 1983 Vorstand der Lehrkanzel für Geschichte und Theorie der Architektur an der Hochschule für angewandte Kunst, Wien.

Gert Kähler, geb. 1942, Studium der Architektur in Berlin, bis 1976 in versch. Architekturbüros tätig. 1976–85 Wiss. Assistent Universität Hannover, danach Gastprofessuren in Baugeschichte TU Braunschweig und TU Berlin. Promotion 1981, Habilitation 1985, seit 1991 apl. Prof. Arbeitet als freier Journalist und Architekturkritiker. Zahlreiche Veröffentlichungen zur Architektur des 20. Jahrhunderts.

Alois Martin Müller, geb. 1946, Studium der Kunstgeschichte, Philosophie und Anthropologischen Psychologie. Konservator am Museum für Gestaltung Zürich. Lehraufträge an der Universität Zürich und Dozent an der Schule für Gestaltung Zürich.

Florian Rötzer, geb. 1953, arbeitet nach dem Studium der Philosophie als freier Autor und Journalist mit den Schwerpunkten Philosophie und Kunsttheorie in München. Zahlreiche Gespräche, Artikel und Sachbuchrezensionen in verschiedenen Tageszeitungen und Rundfunksendern.

Ullrich Schwarz, geb. 1950, Dr. phil., Studium der Germanistik und Soziologie. Dissertation über den Begriff der ästhetischen Erfahrung bei Adorno, Benjamin und Mukarovskij; nach dem Studium freier Verlagslektor und Übersetzer; seit 1984 Geschäftsführer der Hamburgischen Architektenkammer; 1991/92 Gastprofessor an der HfbK Hamburg; Veröffentlichungen zur Ästhetik und Architekturtheorie; Herausgeber des Jahrbuches Architektur in Hamburg.

Wolfgang Welsch, geb. 1946, Prof. Dr. phil., Studium der Philosophie, Kunstgeschichte, Psychologie und Archäologie an den Universitäten München und Würzburg, Promotion 1974, Habilitation 1982, 1985–87 Visiting Fellow am Institut für die Wissenschaften vom Menschen in Wien, 1987 Gastprofessor an der Universität Erlangen-Nürnberg, 1987/1988 Gastprofessor an der Freien Universität Berlin, seit Oktober 1988 Professor für Philosophie an der Otto-Friedrich-Universität Bamberg, 1991/92 Gastprofessor an der Humboldt-Universität zu Berlin. Forschungsschwerpunkte: Antike Philosophie, Philosophische Ästhetik und Kunsttheorie, Theorie der Moderne und Postmoderne, Theorie der Rationalität, Kulturphilosophie.

Adolf Max Vogt, geb. 1920 in Zürich-Wipkingen; Besuch des Lehrerseminars und Studium der Kunstgeschichte Universität Zürich. 1950–1960 Redakteur der „Neuen Zürcher Zeitung". 1961 bis 1985 Professor an der ETH Zürich und Gründer des „Instituts für Geschichte und Theorie der Architektur". Gastprofessur am Massachusetts Institute for Technology, Cambridge, USA; zahlreiche Veröffentlichungen zur Geschichte der Architektur seit dem 18. Jahrhundert, insbesondere zur französischen Revolutionsarchitektur.

Bauwelt Fundamente

1 Ulrich Conrads (Hrsg.), Programme und Manifeste zur Architektur des 20. Jahrhunderts
2 Le Corbusier, 1922 – Ausblick auf eine Architektur
3 Werner Hegemann, 1930 – Das steinerne Berlin
4 Jane Jacobs, Tod und Leben großer amerikanischer Städte*
5 Sherman Paul, Louis H. Sullivan*
6 L. Hilberseimer, Entfaltung einer Planungsidee*
7 H. L. C. Jaffé, De Stijl 1917–1931*
8 Bruno Taut, Frühlicht 1920–1922*
9 Jürgen Pahl, Die Stadt im Aufbruch der perspektivischen Welt*
10 Adolf Behne, 1923 – Der moderne Zweckbau*
11 Julius Posener, Anfänge des Funktionalismus*
12 Le Corbusier, 1929 – Feststellungen
13 Hermann Mattern, Gras darf nicht mehr wachsen*
14 El Lissitzky, 1929 – Rußland: Architektur für eine Weltrevolution
15 Christian Norberg-Schulz, Logik der Baukunst
16 Kevin Lynch, Das Bild der Stadt
17 Günter Günschel, Große Konstrukteure 1*
18 nicht erschienen
19 Anna Teut, Architektur im Dritten Reich 1933–1945*
20 Erich Schild, Zwischen Glaspalast und Palais des Illusions
21 Ebenezer Howard, Gartenstädte von morgen*
22 Cornelius Gurlitt, Zur Befreiung der Baukunst*
23 James M. Fitch, Vier Jahrhunderte Bauen in USA*
24 Felix Schwarz und Frank Gloor (Hrsg.), „Die Form" – Stimme des Deutschen Werkbundes 1925–1934
25 Frank Lloyd Wright, Humane Architektur*
26 Herbert J. Gans, Die Levittowner. Soziographie einer »Schlafstadt«*
27 Günter Hillmann (Hrsg.), Engels: Über die Umwelt der arbeitenden Klasse*
28 Philippe Boudon, Die Siedlung Pessac – 40 Jahre*
29 Leonardo Benevolo, Die sozialen Ursprünge des modernen Städtebaus*
30 Erving Goffman, Verhalten in sozialen Strukturen*
31 John V. Lindsay, Städte brauchen mehr als Geld*
32 Mechthild Schumpp, Stadtbau-Utopien und Gesellschaft*
33 Renato De Fusco, Architektur als Massenmedium*

34 Gerhard Fehl, Mark Fester und Nikolaus Kuhnert (Hrsg.), Planung und Information*
35 David V. Canter (Hrsg.), Architekturpsychologie
36 John K. Friend und W. Neil Jessop (Hrsg.), Entscheidungsstrategie in Stadtplanung und Verwaltung
37 Josef Esser, Frieder Naschold und Werner Väth (Hrsg.), Gesellschaftsplanung in kapitalistischen und sozialistischen Systemen*
38 Rolf-Richard Grauhan (Hrsg.), Großstadt-Politik*
39 Alexander Tzonis, Das verbaute Leben
40 Bernd Hamm, Betrifft: Nachbarschaft
41 Aldo Rossi, Die Architektur der Stadt*
42 Alexander Schwab, Das Buch vom Bauen*
43 Michael Trieb, Stadtgestaltung*
44 Martina Schneider (Hrsg.), Information über Gestalt
45 Jörn Barnbrock, Materialien zur Ökonomie der Stadtplanung*
46 Gerd Albers, Entwicklungslinien im Städtebau*
47 Werner Durth, Die Inszenierung der Alltagswelt
48 Thilo Hilpert, Die Funktionelle Stadt*
49 Fritz Schumacher (Hrsg.), Lesebuch für Baumeister*
50 Robert Venturi, Komplexität und Widerspruch in der Architektur
51 Rudolf Schwarz, Wegweisung der Technik und andere Schriften zum Neuen Bauen 1926–1961
52 Gerald R. Blomeyer und Barbara Tietze, In Opposition zur Moderne*
53 Robert Venturi, Denise Scott Brown und Steven Izenour, Lernen von Las Vegas
54/55 Julius Posener, Aufsätze und Vorträge 1931–1980
56 Thilo Hilpert (Hrsg.), Le Corbusiers „Charta von Athen". Texte und Dokumente. Kritische Neuausgabe
57 Max Onsell, Ausdruck und Wirklichkeit
58 Heinz Quitzsch, Gottfried Semper – Praktische Ästhetik und politischer Kampf
59 Gert Kähler, Architektur als Symbolverfall
60 Bernard Stoloff, Die Affaire Ledoux
61 Heinrich Tessenow, Geschriebenes
62 Giorgio Piccinato, Die Entstehung des Städtebaus
63 John Summerson, Die klassische Sprache der Architektur*
64 F. Fischer, L. Fromm, R. Gruber, G. Kähler und K.-D. Weiß, Abschied von der Postmoderne
65 William Hubbard, Architektur und Konvention
66 Philippe Panerai, Jean Castex und Jean-Charles Depaule, Vom Block zur Zeile
67 Gilles Barbey, WohnHaft

68 Christoph Hackelsberger, Plädoyer für eine Befreiung des Wohnens aus den Zwängen sinnloser Perfektion
69 Giulio Carlo Argan, Gropius und das Bauhaus
70 Henry-Russell Hitchcock und Philip Johnson, Der Internationale Stil – 1932
71 Lars Lerup, Das Unfertige bauen
72 Alexander Tzonis und Liane Lefaivre, Das Klassische in der Architektur
73 Elisabeth Blum, Le Corbusiers Wege
74 Walter Schönwandt, Denkfallen beim Planen
75 Robert Seitz und Heinz Zucker (Hrsg.), Um uns die Stadt
76 Walter Ehlers, Gernot Feldhusen und Carl Steckeweh (Hrsg.), CAD: Architektur automatisch?
77 Jan Turnovský, Die Poetik eines Mauervorsprungs*
78 Dieter Hoffmann-Axthelm, Wie kommt die Geschichte ins Entwerfen?
79 Christoph Hackelsberger, Beton: Stein der Weisen?
80 Georg Dehio und Alois Riegl, Konservieren, nicht restaurieren, Herausgegeben von Marion Wohlleben und Georg Mörsch
81 Stefan Polónyi, ... mit zaghafter Konsequenz
82 Klaus Jan Philipp (Hrsg.), Revolutionsarchitektur
83 Christoph Feldtkeller, Der architektonische Raum: eine Fiktion
84 Wilhelm Kücker, Die verlorene Unschuld der Architektur
85 Ueli Pfammatter, Moderne und Macht
86 Christian Kühn, Das Schöne, das Wahre und das Richtige
87 Georges Teyssot, Die Krankheit des Domizils
88 Leopold Ziegler, Florentinische Introduktion
89 Reyner Banham, Theorie und Gestaltung im Ersten Maschinenzeitalter
90 Gert Kähler (Hrsg.), Dekonstruktion? Dekonstruktivismus?
91 Christoph Hackelsberger, Hundert Jahre deutsche Wohnmisere – und kein Ende?
92 Adolf Max Vogt, Russische und französische Revolutionsarchitektur 1917 · 1789
93 Klaus Novy und Felix Zwoch (Hrsg.), Nachdenken über Städtebau
94 Mensch und Raum. Das Darmstädter Gespräch 1951
95 Andreas Schätzke, Zwischen Bauhaus und Stalinallee
96 Goerd Peschken, Baugeschichte politisch
97 Gert Kähler (Hrsg.), Schräge Architektur und aufrechter Gang

*vergriffen

Gert Kähler (Hrsg.)

Dekonstruktion?
Dekonstruktivismus?

Aufbruch ins Chaos
oder
neues Bild der Welt?

Architekturtheorie

Band 90 der Bauwelt Fundamente.
1990. 151 Seiten mit zahlreichen Abbildungen

ARCHITEKTUR ■ BEI VIEWEG

Nachdenken über Städtebau

Neun Aufsätze, herausgegeben von Klaus Novy und Felix Zwoch

Stadtbaupolitik/Architekturkritik

Band 93 der Bauwelt Fundamente.
1991. 139 Seiten mit einigen Abbildungen

ARCHITEKTUR ■ BEI VIEWEG

Bei Fragen zur Produktsicherheit wenden Sie sich bitte an:
If you have any questions regarding product safety,
please contact:

Birkhäuser Verlag GmbH
Im Westfeld 8
4055 Basel, Schweiz
productsafety@degruyterbrill.com